Zu diesem Buch

Dieses Buch ist ein Ratgeber für Eltern, Angehörige und Erzieher von Menschen, die illegale Drogen konsumieren.

Es soll bei dem Versuch helfen, die Themen «Drogenkonsum» und «Drogenabhängigkeit und ihre Behandlung» besser zu verstehen. Es klärt auf über die mit dem Konsum von Drogen verbundenen Genüsse und Risiken und korrigiert Vorurteile und Fehlinformationen.

Hinweise auf die Autorinnen und Autoren finden sich auf S. 185 f.

Wolfgang Harm (Hg.)

Mein Kind nimmt Drogen

Informationen und Beratung für Eltern

Mit Beiträgen von Renate Bauer,
Michael Nitschke, Hermann Schlömer,
Anne Schumacher und Josh v. Soer

Rowohlt

Originalausgabe
Veröffentlicht im Rowohlt Taschenbuch Verlag GmbH,
Reinbek bei Hamburg, November 1994
Copyright © 1994 by Rowohlt Taschenbuch Verlag GmbH,
Reinbek bei Hamburg
Lektorat Jürgen Volbeding
Umschlaggestaltung Susanne Müller
(Foto: ZEFA Stockmarket / Brent Peterson)
Satz Aldus (Linotronic 500)
Gesamtherstellung Clausen & Bosse, Leck
Printed in Germany
1290-ISBN 3 499 19761 8

Inhalt

Hermann Schlömer
Drogenabhängigkeit vorbeugen – aber wie? 157

Einführung

Dieses Buch soll Ihnen bei dem Versuch helfen, die Themen «Drogenkonsum» und «Drogenabhängigkeit» besser zu verstehen. Es soll über die mit dem Konsum von Drogen verbundenen Genüsse und Risiken aufklären und dazu beitragen, Vorurteile und Fehlinformationen zu korrigieren, die vielleicht auch bei Ihnen entstanden sein können. Denn die bisherige Drogenaufklärung hat aus Gründen der Abschreckung nicht selten mit übertriebenen Darstellungen und unrichtigen Informationen gearbeitet. Dies hat die Bereitschaft von jungen Menschen, Drogen zu konsumieren, oft nicht verhindert, sondern teilweise sogar gefördert.

Es wurde zum Beispiel oft behauptet, der erste Schuß (Heroin) mache süchtig, Haschischkonsum würde den Einstieg in härtere Drogen zur Folge haben, und viele Drogenabhängige wären ‹angefixt› worden. Zu einigen dieser ‹Legenden› werden wir in diesem Buch Stellung nehmen.

Dabei sollen die Fakten weder verharmlost noch aufgebauscht werden. Wir bemühen uns um eine möglichst wahrheitsgetreue Darstellung des Themas «Drogen», die Ihnen hoffentlich hilft, mit Klarsicht und Realitätsnähe an mögliche Suchtprobleme, die in Ihrer unmittelbaren Umgebung auftauchen, heranzugehen.

Darüber hinaus erläutern wir Ihnen umfassend die verschiedenen Facetten des komplizierten Drogenhilfesystems. Es werden einige rechtliche Aspekte beleuchtet, die auch im Umgang mit der Justiz bedeutsam sind, und es wird der Frage nachgegangen, was für die sogenannte Suchtvorbeugung (Prävention) getan werden kann. All dies ist von Fachleuten aus der Praxis geschrieben, die zum Teil täglich mit Drogenkonsumentinnen und -konsumenten und deren Angehörigen beruflich zu tun haben und von daher wissen, wovon sie reden. Der Informationsgehalt der Beiträge wird sich daher stets an den ganz konkreten Lebensproblemen der Betroffenen orientieren. Dennoch sind natürlich auch von Ihnen als Leserinnen und Leser ein paar Grundkenntnisse zu erwerben, die für die Nachvollziehbarkeit des Gesamtproblems wichtig sind, im Betäubungsmittelrecht oder im Bereich der Pharmakologie von Suchtstoffen zum Beispiel. Dabei haben wir uns um eine verständliche Sprache bemüht. Unvermeidbare Fachausdrücke sind in der Regel im Text selbst ausreichend erklärt.

Dieses Buch soll bei allem Verständnis für die Sorgen, die Sie sich als Angehörige über das Wohlergehen ihrer Lebenspartnerinnen und -partner oder Kinder machen, dazu beitragen, daß Sie nicht in panische Angst verfallen müssen, wenn diese in Kontakt mit Drogen geraten.

Wir werden deshalb in diesem Ratgeber keine Tips geben, wie Sie am besten oder am schnellsten feststellen, ob Ihr Sohn, Ihre Tochter oder Ihr Partner Drogen nimmt. Manche Drogeninformationsschriften veranlassen u. a. Eltern durch die Auflistung bestimmter Verhaltensauffälligkeiten zu vorschnellen Rückschlüssen in bezug auf eine mögliche Drogenabhängigkeit ihrer Kinder.

Das Nachlassen schulischer Leistungen oder das Auftreten gelegentlicher Müdigkeit muß zum Beispiel nicht zwangsläufig ein Beweis dafür sein, daß Ihr Sohn oder Ihre Tochter Hasch raucht oder Heroin spritzt; denn solche Symptome können durchaus auch andere Ursachen haben. Viel wichtiger ist in diesem Zusammenhang ein gut entwickeltes Vertrauensverhältnis zu Ihrem Kind oder Lebenspartner(in), damit diese von sich aus mit ihren Problemen zu Ihnen kommen.

In vielen Aufklärungsbeiträgen wird darauf hingewiesen, daß Eltern, Erzieher und Lehrer hinsichtlich ihres eigenen Umgangs mit Drogen jeder Art (also auch Alkohol, Nikotin und Tabletten) für die Kinder *Vorbildcharakter* haben.

Dies ist zweifellos richtig. Dennoch sollten wir als Erwachsene nicht so tun, als würden wir in einer drogen- und suchtfreien Gesellschaft leben. Bei dem genußvollen Trinken des Feierabendbieres oder beim Klang der Sektgläser auf Ihren Familienfeiern sollten Sie deshalb kein schlechtes Gewissen haben. Problematisch wird es eigentlich erst dann, wenn der Drogenkonsum regelmäßig als Mittel der Konflikt- oder Problembewältigung benutzt wird.

Gründe und Ursachen von Sucht und Abhängigkeit

Warum Menschen süchtig oder abhängig werden, darüber streiten sich bis heute die Gelehrten. Doch so viel scheint sicher, es gibt nicht die *eine* klar zu benennende Ursache. Vielmehr scheint das Zusammenspiel verschiedener Faktoren für die Entstehung von Süchten verantwortlich zu sein. Dabei können belastende biografische – also persönliche – Erfahrungsmomente während der Kindheit und der Pubertät genauso eine Rolle spielen wie der Leistungsdruck in der Schule oder die Schwierigkeit, eine Wohnung bzw. einen befriedigenden Arbeitsplatz zu bekommen. Deshalb verschärfen sich mit zunehmender Armutsentwicklung auch die Drogenprobleme in vielen Stadtteilen und Regionen.

Es gibt sowohl den Drogenkonsum, der aus Neugierde und grenzüberschreitendem Erfahrungshunger geschieht, als auch jenen, welcher der Beschwichtigung vorhandener Lebens- und Zukunftsängste dient. Tatsache ist, daß die Lust am Probieren unter Jugendlichen erheblich zugenommen hat. Doch wenn es den Menschen aus dem persönlichen Umfeld der Betreffenden – also Eltern, Geschwistern, Freunden, Lehrern, Freizeitpädagogen, Sportvereinsmitgliedern usw. – gelingen könnte, möglichst undramatisch auf den Erstkonsum zu reagieren und diesen Probierern nicht gleich das Etikett ‹*süchtig und verloren*› aufzudrücken, wäre schon viel gewonnen. Denn eine derartige Stigmatisierung macht es für Erstkonsumenten von illegalen Drogen noch schwieriger, aus der ihr bzw. ihm zugewiesenen Rolle des ‹Drogensüchtigen› wieder herauszufinden.

Der alltägliche Umgang mit Drogen jeder Art wird – wie wir noch sehen werden – von der Gesellschaft sehr unterschiedlich und widersprüchlich bewertet. Ganz generell sollte man sich vergegenwärtigen, daß annähernd jede Droge sowohl Genuß- als auch Suchtmittel sein kann; und dies gilt für die qualmende Zigarette genauso wie für den Heroinschuß. Es gibt zum Beispiel Heroinkonsumenten, die ein sozial unauffälliges und angepaßtes Leben führen und nicht in dem Sinne verelenden, wie dies in den offenen Drogenszenen an den Großstadtbahnhöfen unserer Republik häufig der Fall ist. Ob jemand den Weg vom Genuß- und Suchtstadium geht, wo überwiegend die Droge und ihre Beschaffung das Leben bestimmt, hängt wesentlich von drei Faktoren ab:

a) von der seelischen Stabilität und Belastbarkeit des einzelnen,
b) von der Beschaffenheit der sozialen Lebenssituation (sicheres Erwerbseinkommen, stabile Beziehungen, befriedigende Freizeitgestaltung etc.) und
c) natürlich auch von dem Sucht- und Risikopotential der jeweils konsumierten Droge.

Das Suchtpotential von Heroin ist zum Beispiel wegen der durch den Konsum erzeugten *körperlichen* Abhängigkeit unvergleichlich höher als das von Haschisch, welches ausschließlich *psychische* Abhängigkeiten fördern kann. Natürlich hat jemand, der von morgens bis abends ‹kifft› (Haschisch oder Marihuana raucht), ein gewisses Suchtproblem. Dies ist jedoch oft Ausdruck anderer unbewältigter Lebensprobleme (Beziehungsverlust, sexueller Mißbrauch, Arbeitslosigkeit u. ä. m.), die im Hintergrund eine gewisse Suchtbereitschaft erzeugen. Eine konstruktive Bearbeitung dieser Konflikte und Schwierigkeiten kann oft einen besseren (gesünderen) Umgang mit der jeweiligen Droge, manchmal sogar die Abstinenz, bewirken.

Soll man seine drogenabhängigen Kinder rausschmeißen?

Ist das Kind erst einmal in den Brunnen gefallen, ist noch nicht alles verloren – entgegen vieler anderslautender Meinungen. Auch wenn der / die Betreffende (zum Beispiel) Heroin konsumiert, aber noch zur Schule oder in die Lehre geht und noch ein Dach über dem Kopf hat – entweder bei den Eltern oder in der eigenen Wohnung – kann eine Menge getan werden, um einem dramatischen Suchtverlauf vorzubeugen.

Wichtig ist, daß drogenabhängige Menschen gerade im Jugendalter (aber auch später) nicht aus ihren heimatlichen, ihren sozialen Bezügen herauskatapultiert werden. Man sollte also seinen Sohn oder seine Tochter nicht auf die Straße setzen, nur weil er oder sie Kontakt mit (illegalen) Drogen hat. Leider erzählen manche Drogenberater auch heute noch genau das Gegenteil.

Natürlich kann es Grenzen der Belastung geben, wenn beispielsweise das Wohnungsinventar versetzt oder das Haushaltsgeld geklaut wurde bzw. körperliche Bedrohung stattfindet. Aber erst dann, wenn bei Eltern oder Freunden die Kräfte, um zu helfen, erschöpft sind, kann ein solcher Schritt unausweichlich sein. Wichtig ist, daß die vorhandenen Bezüge zur Mitwelt so lange wie möglich aufrechterhalten werden.

In diesem Zusammenhang ist es enorm wichtig, daß drogenkonsumierende Schüler auf keinen Fall von der Schule geschmissen werden. Denn sind erst einmal alle Brücken abgebrochen, wird die Abwanderung zur ‹offenen Drogenszene› mit ihren dramatischen Verelendungserscheinungen um so eher möglich. Der Freundeskreis besteht dort häufig «nur» noch aus Menschen, die selber auf Droge sind. Hier wird es dann zunehmend schwieriger, sich aus eigener Kraft von den vielfältigen Problemen, die mit der Sucht verbunden sind, zu befreien. Doch der Weg in diese Form des Elends ist lang und bietet zwischendurch viele Möglichkeiten der positiven Veränderung.

Von hoher Bedeutung ist, so schwierig dies im Einzelfall sein mag, daß sowohl die Angehörigen als auch die professionellen Helfer und Pädagogen niemals den Stab über jemandem brechen, der drogenabhängig ist. *Stehen* Sie deshalb zu ihrem drogenabhängigen Kind. Setzen Sie die Grenzen, die Ihren Kräften angemessen sind, aber verstoßen Sie es nicht!

Akzeptierende Drogenarbeit

Es hat sich als äußerst problematisch erwiesen, Junkies erst dann Hilfe zukommen zu lassen, wenn sie zuvor jeglichen Drogen abgeschworen haben. Die Hilfe zum Ausstieg aus der Drogensucht ist sicherlich eine wichtige Angelegenheit, doch es gibt darüber hinaus eine Menge Dinge, die man für Süchtige tun kann, auch wenn sie sich (zunächst) für ein Leben *mit* der Droge entschieden haben.

Denn gerade weil Heroinabhängige quasi geächtet sind und in der Regel sehr viel Ablehnung erfahren, muß es Anlaufstellen geben, wo sie als Menschen *mit* ihrem Suchtproblem angenommen werden. In diesem Zusammenhang hat sich in den letzten Jahren die sogenannte *niedrigschwellige, akzeptierende Drogenarbeit* entwickelt. In den Einrichtungen, die in diesem Sinne arbeiten, können die Betroffenen ihre Wäsche waschen, Spritzbestecke tauschen, duschen, Kaffee trinken, übernachten und ärztliche Erstbehandlung erfahren. Natürlich werden sie dort auch über Möglichkeiten des Drogenausstiegs beraten. Aber es sind keine «Schwellen» vorhanden, die von den Hilfesuchenden erst genommen werden müssen. Es wird zum Beispiel von niemandem verlangt, daß er abstinent, also ohne Drogen leben soll. Die Drogenberater akzeptieren den Junkie zunächst einmal so wie er ist. Die erfahrene Hilfe wird also an keine Bedingung geknüpft. Diese Form der Drogenhilfe hat in den letzten Jahren vielen Junkies beim Überleben entscheidend geholfen. Gäbe es diese relativ neue Art der Hilfe nicht, hätten wir in Deutschland wahrscheinlich noch mehr Drogentote.

Erlaubte und verbotene Drogen

Allgemein wird zwischen den *legalen* Drogen, wie Alkohol, Nikotin oder Medikamenten und den *illegalen* Drogen, wie Heroin, Kokain, Halluzinogene (zum Beispiel LSD), Haschisch und Marihuana unterschieden.

Tatsache ist, daß die legalen Drogen in unserer Gesellschaft mehr Schäden verursachen als die illegalen Drogen. Es gibt in Deutschland (BRD) schätzungsweise

```
 2 500 000 Alkoholabhängige
 1 000 000 Medikamentenabhängige und
19 000 000 Raucher (Nikotinabhängige)
           und etwa
   120 000 Heroinabhängige.
```

An den unmittelbaren und mittelbaren Folgen des Konsums der verschiedenen legalen und illegalen Drogen sterben jährlich etwa:

```
 40 000 Menschen an Alkohol,
  8 000 Menschen an Medikamenten,
111 000 Menschen an Nikotin und
  2 000 Menschen an Straßen-Heroin.
```

Diese Zahlen machen deutlich, daß wir in einer Gesellschaft leben, in der der Griff zur Droge – trotz aller schädlichen Folgen – durchaus etwas Normales ist. Während allerdings die Verwendung von Alkohol oder Nikotin erlaubt ist, ist der Besitz von Kokain oder Heroin grundsätzlich strafbar.

Die Drogenverbotspolitik ist gescheitert

Als das Betäubungsmittelgesetz (BtMG) 1968 verabschiedet wurde, glaubte man, mit der Androhung von Gefängnisstrafen den Drogenkonsum generell verhindern zu können. Das Gegenteil aber ist der

Fall. Denn wir haben heute mehr Heroinabhängige, Kokser und Haschischraucher denn je. Mit polizeilichen und juristischen Mitteln gelingt es also nicht, das Drogenproblem in den Griff zu bekommen.

Die Verbotspolitik führte dazu, daß die Herstellung und die Verteilung von Heroin, Kokain, Haschisch und anderen Substanzen von den Drogenkartellen bewerkstelligt wurde (und wird). Die Polizei war und ist dagegen relativ machtlos. Mehr als 5 Prozent der auf dem Markt vorhandenen Drogenmenge konnte sie bisher nie beschlagnahmen.

Die repressive Form der Drogenpolitik hat außerdem dazu geführt, daß Drogenkonsumenten durch die Kriminalisierung immer stärker verelendeten, was insbesondere die Heroinkonsumenten betraf und betrifft.

Inzwischen haben deshalb die Drogenpolitiker einiger Bundesländer die Einsicht vieler Experten übernommen, daß nur eine *Entkriminalisierung* des Drogenkonsums die dramatische Lebenssituation von Hartdrogenabhängigen, welche von Beschaffungskriminalität und Prostitution, von körperlicher und seelischer ‹Verwahrlosung› geprägt ist, positiv verändern kann. Eine Entkriminalisierung ist allerdings nur möglich, wenn wenigstens der Besitz kleiner Drogenmengen, die für den Eigenverbrauch bestimmt sind, prinzipiell straffrei ist. Auch wenn das sogenannte ‹Haschisch-Urteil› des Bundesverfassungsgerichtes vom April 94 diese Straffreiheit keineswegs herbeigeführt hat, ist darin zumindest die liberale Praxis mancher Bundesländer, in denen die Staatsanwaltschaften bei geringfügigen Mengen von der Verfolgung absehen konnten, bestätigt worden.

Die Bemühungen zur Entkriminalisierung von Drogenabhängigen sind auch deshalb so wichtig, weil sie dazu beitragen können, dem Betreffenden seine menschliche Würde zu belassen. Denn viele Probleme von Junkies entstehen, weil unsere Gesellschaft sie oft genug wie Ausgestoßene behandelt, sie ins soziale Abseits befördert. Von dort aus eigener Kraft zurückzukehren ist für viele kaum zu schaffen.

Die helfende Hand wird ihnen jedoch häufig nur gereicht, wenn sie bereit sind, jeden Kontakt zu Drogen aufzugeben. Genau dies ist für

Drogenabhängige der allerschwierigste Schritt, der ohne ein geduldiges, verständnisvolles und helfendes Umfeld häufig nicht gelingen kann.

Überreden oder zwingen Sie deshalb niemanden dazu, die Finger von den Drogen zu lassen, wenn derjenige dies nicht ausdrücklich will. Die Entscheidung, aus der Sucht auszusteigen, braucht Zeit und muß von jedem selbst getroffen werden. Sie sollten es daher auch akzeptieren, wenn ein Drogenabhängiger sich zu einem solchen Ausstieg nicht in der Lage fühlt. Unter Umständen wird er (sie) diese Entscheidung zu einem späteren Zeitpunkt treffen, wenn die Zeit reif dafür ist.

Früher wurde häufig behauptet, daß ein Drogenabhängiger erst ganz unten sein müsse, bevor er freiwillig die Finger von dem Heroin ließe. Diese falsche «Verelendungstheorie» hat dazu geführt, daß insbesondere vielen Heroinkonsumenten nicht angemessen geholfen wurde, obwohl sie dies eigentlich bitter nötig gehabt hätten.

Immer mehr Drogenexperten fordern nicht nur die Entkriminalisierung des Drogenkonsums, sondern sogar eine Legalisierung von harten Drogen. Sie fordern dies aus der belegbaren Erkenntnis heraus, daß in erster Linie die Illegalität die Verelendung der Drogenkonsumenten erzeugt. Wir werden zu diesem Thema in dem vorliegenden Buch einiges sagen, allerdings werden wir darauf verzichten, Ihnen die verschiedenen Legalisierungsmodelle zu erläutern. Wer dazu mehr wissen möchte, wird in der Literaturliste im Anhang einige weiterführende Hinweise finden.

Die in dieser Einführung angerissenen Themenbereiche werden in den folgenden Beiträgen noch weiter und genauer ausgeführt. Sicher gibt es zwischen den Auffassungen und fachlichen Meinungen der hier schreibenden Autorinnen und Autoren in einigen Details Unterschiede, doch in den grundsätzlichen Fragen werden Sie eine weitgehende Übereinstimmung feststellen können.

Natürlich ist es für Sie wichtig zu erfahren, wo Sie konkrete Hilfe und Beratung erhalten können. Da wir in diesem Buch aber unmöglich sämtliche Adressen der Drogenhilfeeinrichtungen in Deutschland wiedergeben konnten, haben wir uns darauf beschränkt, Ihnen im Anhang die in jedem Bundesland ansässigen ‹*Landesstellen gegen die Suchtgefahren*› zu benennen, bei denen Sie die Anschriften der für Ihre Region zuständigen Entgiftungs-, Beratungs-, Substitutions- oder Therapieeinrichtungen erhalten können. Vielen Drogenberatungseinrichtungen sind auch Elternkreise angeschlossen, die es sich zur Aufgabe gemacht haben, den Erfahrungs- und Informationsaustausch unter betroffenen Eltern und anderen Angehörigen zu fördern. Hier gibt es allerdings, wie bei den Behandlungseinrichtungen auch, verschiedene «weltanschauliche» Ausrichtungen. Die einen gehen mehr von dem Abstinenzprinzip (Drogenfreiheitsgebot) aus, während die anderen eher den ‹drogenakzeptierenden› Ansatz bejahen. Diese unterschiedlichen Grundauffassungen werden in diesem Buch noch näher erläutert, so daß Sie sich am Ende Ihre eigene Meinung bilden können.

Wolfgang Harm
Hamburg, im Juni 1994

Renate Bauer

Hilfsangebote für Drogenkonsumenten

Ich arbeite in einer Hamburger Drogen- und Suchtberatungsstelle und möchte Ihnen gerne einen Überblick über die Struktur der Hilfsangebote für Drogenabhängige geben. Für Angehörige von Drogenabhängigen, also für Eltern, Geschwister, Freunde oder Partnerinnen, ist es wichtig zu wissen, welche Angebote von den Drogenabhängigen in Anspruch genommen werden können. Denn die Kenntnis von anderen Hilfsangeboten entlastet einen selbst, wenn man zum Beispiel als Freundin eines Drogenabhängigen das Gefühl hat, nichts mehr tun zu können, und alleine mit der Situation überfordert ist.

Dabei möchte ich gleich vorwegschicken, daß es immer am besten ist, wenn der Kontakt des Drogenabhängigen zu einer Einrichtung aus *freien Stücken* geschieht.

Wir haben in der Regel keine guten Erfahrungen damit gemacht, wenn zum Beispiel eine junge Drogenabhängige nur deswegen die Beratungsstelle aufsucht, weil sie von den Eltern dahin «gedrängelt» wurde.

Da ich in Hamburg lebe und arbeite, beziehe ich mich in der Darstellung der Drogenhilfe in erster Linie auf die Hamburger Verhältnisse. Im großen und ganzen werden Sie aber in jedem Bundesland ähnliche Einrichtungen finden. Vielleicht gibt es von einigen in Ihrer Umgebung mehr oder weniger, und in den fünf neuen Bundesländern wird vieles erst aufgebaut. Auch im alltäglichen Arbeitsablauf oder vom konzeptionellen Hintergrund her wird es Unterschiede geben. Aber wie gesagt: die Angebotsstruk-

19

tur läßt sich verallgemeinern und soll hier zusammengefaßt werden.*

Vorweg möchte ich Sie kurz mit entscheidenden Umbrüchen in der Entwicklung der Drogenhilfe bekannt machen. So wird Ihnen der Hintergrund deutlich, vor dem sich konkrete Konzepte von Einrichtungen und Projekten entwickeln.

1. Die Entwicklung der Drogenhilfe, hoch- und niedrigschwellige Angebote

Als der Schwarzmarkt für Heroin sich Ende der sechziger, Anfang der siebziger Jahre von den USA auf die Bundesrepublik Deutschland ausdehnte, reagierte man bei uns zunächst mit der «Behandlung» Drogenabhängiger in den Psychiatrien und Krankenhäusern.**

Man wußte zu diesem Zeitpunkt über Abhängigkeit von illegalen Drogen noch nicht viel. Bald stellte sich heraus, daß sich die Drogenabhängigen in den Psychiatrien wie bestraft und nur verwahrt vorkamen und die Psychiatrien ihrerseits mit der spezifischen Versorgung von Junkies überfordert waren. Die «Heilungserfolge», gemeint war die Abstinenz von der Droge, waren dementsprechend gering.

Als Alternative entwickelte sich die sogenannte «Release Bewegung» (engl., Befreiung, befreien). Ihre Vertreterinnen und Vertreter setzten in der Drogenarbeit auf Selbsthilfe und Solidarität mit den Abhängigen und entfernten sich vom starren Abstinenz-Gebot. Es

* Für eine *übersichtliche* Darstellung habe ich die Drogenhilfe in Überlebenshilfen, Substitution, Ausstiegshilfen und Beratungsstellen eingeteilt. Dabei ist klar, daß es zwischen den einzelnen Bereichen zu Überschneidungen kommt und außerdem nicht alle Einzelheiten und Besonderheiten erfaßt werden können.
** Ich beziehe mich in der Zusammenfassung der Entwicklung von Drogenhilfe in der Bundesrepublik Deutschland auf die Arbeiten in: Schuller, K. und Stöver, H. (Hrsg): Akzeptierende Drogenarbeit – Ein Gegenentwurf zur traditionellen Drogenhilfe. Freiburg im Breisgau: Lambertus 1990.

entstanden alternative Kontaktzentren und therapeutische Wohngemeinschaften, in denen Drogenabhängige mit den nicht abhängigen Helfern zusammenlebten. Aber bereits Mitte der siebziger Jahre war von den Ansprüchen dieser Bewegung nicht mehr viel zu spüren, da mittlerweile eine Professionalisierung eingesetzt hatte, die die Landschaft der Drogenhilfe wiederum veränderte. Die Einrichtungen wurden staatlich gefördert, die Inhalte der Arbeit wurden staatlicherseits beeinflußt, und der Druck auf die alternative Bewegung in Richtung Anpassung wuchs.

Schließlich setzte sich das Abstinenz-Gebot als handlungsleitendes Prinzip durch. Die Drogenhilfe verfolgte nun eine sehr einseitige Richtung, die ich kurz folgendermaßen charakterisieren möchte:

Es gab für die Drogenabhängigen Einrichtungen, die «hochschwellig» arbeiteten. Das heißt, daß für die Abhängigen die Schwelle, die Hilfsangebote einer Einrichtung wahrzunehmen, bildlich gesprochen sehr hoch war. Es gab Beratungsstellen, in denen man nur dann ein Beratungsgespräch erhielt, wenn man «clean» zum verabredeten Termin erschien. Es gab zudem stationäre Langzeittherapien, die streng die lebenslange Abstinenz von Drogen verfolgten und aus denen man sofort herausflog, wenn man rückfällig wurde. Im allgemeinen mußten die Junkies bereits «clean» oder zumindest fest entschlossen sein, «clean» zu werden. Nur dann hatte der drogenabhängige Mensch moralisch das Recht, öffentliche Hilfe und Unterstützung in Anspruch nehmen zu dürfen. Hinter diesem Charakter der Hilfsangebote stand ein Menschenbild, das die Drogenabhängigen als Ausgestoßene und Ungewollte unserer Gesellschaft etikettierte. Man könnte diese Haltung verkürzen und sagen: «Junkies tun etwas Böses und Verbotenes – sie sind daher schlecht und eine Bedrohung unserer öffentlichen Ordnung!» Gesetzlich wurde diese Herangehensweise mit dem Betäubungsmittelgesetz zementiert, worüber in diesem Buch Michael Nitschke ausführlich berichtet.

Spätestens als Anfang bis Mitte der achtziger Jahre die Krankheit Aids und ihre Übertragung mit dem HI-Virus bekannt wurde, war klar, daß dieses einseitige Hilfsangebot zu wenig Drogenabhängige erreichte. All jene Junkies, die aktuell «drauf» und nicht so fest zum

Ausstieg entschlossen waren, als daß sie die Angebote der Drogenhilfe hätten annehmen wollen und können, hatten mit den Hilfsangeboten keinen Kontakt. Gleichzeitig waren und sind die Junkies *eine* Risikogruppe bezüglich der HIV-Infizierung. Angespornt von dieser Erkenntnis begann eine wissenschaftliche und öffentliche Auseinandersetzung über die Struktur der allgemeinen Drogenhilfe.

Das war die Geburtsstunde der sogenannten «niedrigschwelligen» Angebote. Der Begriff «niedrigschwellig» bedeutet, daß die Schwelle, eine Drogeneinrichtung aufzusuchen, möglichst niedrig sein soll. Damit soll es *allen* Drogenabhängigen ermöglicht werden, die unterschiedlichen Angebote der Drogenhilfe wahrzunehmen. Es gibt nun zum Beispiel Beratungsstellen, die auch einer Drogenabhängigen Unterstützung anbieten, *obwohl* sie gegenwärtig drauf ist und sich über ihre Zukunft noch keine Gedanken gemacht hat. Es wird zunächst einmal die Realität akzeptiert, daß diese Frau zur Zeit abhängig ist. Die Frage des Ausstiegs rückt somit zeitlich in den Hintergrund und wird nicht als Voraussetzung, sondern bestenfalls als Ergebnis der Drogenhilfe betrachtet. Diese Form der Arbeit wird «akzeptierende Drogenarbeit» genannt. Im Zuge dieser Auseinandersetzung veränderte sich entsprechend das dahinterstehende Menschenbild, was sich bis heute weiterentwickelt hat.

Zitat:

«Drogengebraucher haben, auch und gerade unter den Bedingungen des fortgesetzten Konsums, ein Recht auf menschenwürdige gesundheitliche und soziale Lebensbedingungen, sie müssen es nicht erst durch abstinentes und angepaßtes Verhalten erwerben.»[*]

Hier wird ein anderes Verständnis von Abhängigkeit deutlich. Während diesem Begriff früher Deutungen wie «haltlos, schwach, disziplinlos, maßlos, faul, verweigernd und asozial» anhafteten, so wird Abhängigkeit heute breiter gefaßt und moralisch nicht mehr

---

[*] Zitat: Stöver, H., «Akzeptierende Drogenarbeit – Entwicklung, Bedingungen und Perspektiven», S. 15, in: Schuller, Stöver (Hrsg.): «Akzeptierende Drogenarbeit, ein Gegenentwurf zur traditionellen Drogenhilfe», Freiburg im Breisgau: Lambertus 1990.

derart negativ bewertet. Zumindest setzten sich viele Kolleginnen und Kollegen aus der Drogenhilfe offensiv für eine solche Sichtweise ein. Auch in der Wissenschaft und Forschung macht sich dieser Standpunkt breit. Doch noch streiten sich die Geister, wie nun «Abhängigkeit» letztlich begriffen werden kann. Allgemein gilt Abhängigkeit von illegalen Drogen heute als Krankheit (wie die Abhängigkeit von Alkohol, als Beispiel für eine legale Droge). Es gibt viele Theorien über die Gründe für die Entwicklung von Abhängigkeit. Einige sind rein medizinisch orientiert. Andere betrachten die Auswirkungen der gesellschaftlich / sozialen Probleme unserer Zeit auf die zwischenmenschlichen Beziehungen. Stichworte sind: Ellenbogenmentalität, Konkurrenz und Konsumdenken, scharfe Gegensätze zwischen arm und reich, Arbeitslosigkeit und Wohnungsproblematik. Wieder andere Theorien betrachten die Psyche des abhängigen Menschen und führen die Entstehung der Abhängigkeit auf frühe Störungen in der Kindheit zurück. Oder es wird die Familie beleuchtet, in der die Drogenabhängigkeit des Kindes auf Probleme innerhalb der gesamten Familie verweist. Bei aller Vielfalt von Theorien ist eines wichtig:

Es gibt nicht *den einen* Grund für die Entstehung von Abhängigkeit. Es ist bei jedem Menschen ein unterschiedliches und vielschichtiges Geflecht von Zusammenhängen – oder einfach Neugier oder Langeweile, was zur Abhängigkeit führt.

Durch den beschriebenen Umbruch in der Drogenhilfe, der sich auch im Austausch mit anderen Ländern und deren Drogenpolitik entwickelte, hat sich die Landschaft der Einrichtungen von der einseitigen Abstinenzorientierung zu einer bunten Vielfalt entwickelt, die den unterschiedlichen Persönlichkeiten der Drogenkonsumenten unterschiedliche Hilfsangebote unterbreitet.

2. Überlebenshilfen

Wenn ein Mensch drogenabhängig geworden ist, dann sollte für ihn der erste Schritt sein, sich *bewußt* zu seinem Drogenkonsum zu verhalten und nicht durch Unwissenheit vermeidbare Risiken einzugehen. Damit meine ich nicht den Entscheid zu einem Ausstieg aus der Abhängigkeit, sondern besonders das Verhalten *während* des Drogenkonsums. Denn auch wenn noch keine Motivation für einen Ausstieg da ist, der Drogenabhängige zum Beispiel sehr jung ist und alles noch «faszinierend» findet, ist es sinnvoll und notwendig, Angebote im Bereich der Überlebenshilfen wahrzunehmen und einen möglichst risikoarmen Umgang mit Drogen zu erlernen und zu praktizieren.

Bereits durch den Begriff «Überlebenshilfen» wird deutlich, daß es darum geht, das (Über-)Leben der Drogenabhängigkeit für die Betroffenen zu erleichtern oder sogar überhaupt erst zu ermöglichen.

Vielleicht fragen Sie sich jetzt, warum dies denn nötig sei und ob es nicht besser wäre, dem Drogenabhängigen nichts zu «erleichtern», weil das nur zum Aufrechterhalten und Verlängern seiner Abhängigkeit führen würde?

Den Hintergrund niedrigschwelliger und akzeptierender Drogenarbeit konnten Sie bereits im vorherigen Abschnitt kennenlernen. Überlebenshilfen sind notwendig, weil die Menschen, die von *illegalen* Drogen abhängig sind, dem Konsum der Droge auf *illegalen* Wegen nachgehen müssen, da sie laut Betäubungsmittelgesetz gesetzwidrig handeln. Also werden diese Menschen kriminalisiert und von der Polizei verfolgt.

Diese Tatsache hat massive Konsequenzen für das Leben der Drogenkonsumenten, welche die stofflichen Auswirkungen der Droge an sich weit überschreiten. Erst die Illegalität bringt das Problem der körperlichen Erkrankungen durch verdrecktes Straßenheroin hervor. Durch die Illegalität gibt es den Schwarzmarkt ohne öffentlich kontrollierende Instanzen, die Beschaffungskriminalität, die mit Junkies und Drogen überfüllten Gefängnisse, die Beschaffungsprostitution von Frauen und Männern und so fort. Wer tagsüber immer klauen gehen muß, um das Geld für den nächsten Druck zu ergattern, kann sich bald nicht mehr in die Strukturen der Schule oder der Lehrstelle einordnen und fliegt raus. Wer sich in der Szene des Schwarzmarktes behaupten muß, wer selber unter Druck steht, schnell an Stoff zu kommen, der lernt dort Verhaltensweisen, mit denen er vielleicht seine Angehörigen verletzt und erschreckt.

Dabei wird zunehmend die Frage aufgeworfen, was es denn eigentlich sachlich rechtfertigt, die eine Droge für illegal, die andere (zum Beispiel den uns gut bekannten Alkohol) für legal zu erklären.

Ich möchte mit dieser Darstellung die persönliche Verantwortung, die der Drogenabhängige auch unter diesen Bedingungen für seine Lebensgestaltung und sein Verhalten hat, nicht unterbewerten. Allerdings soll deutlich werden, daß viele Probleme im Zusammenhang mit Drogenkonsum und Abhängigkeit erst durch Rahmenbedingungen unserer Gesellschaft entstehen. Und wichtig ist: Diese Probleme führen nicht etwa automatisch dazu, daß der Drogenabhängige, konfrontiert mit den harten Konsequenzen seines Tuns, endlich aufwacht und sich für den Ausstieg entscheidet. Dieser Gedanke findet sich in der sogenannten «Leidensdruck»-Theorie wieder, die sprichwörtlich durch den Satz: ‹Er muß erst mal in der Gosse liegen, bevor er wirklich aufhören will› bekannt ist. In der Praxis machen wir dagegen die Erfahrung, daß für einen drogenabhängigen Menschen, der zum Beispiel nach Gefängnisaufenthalten und Obdachlosigkeit körperlich und sozial verelendet und vor allem seelisch tief entmutigt ist, der Ausstieg zu einem unvorstellbaren und unüberwindbar erscheinenden Problem geworden ist.

Unter Berücksichtigung dieser Tatsachen und Erfahrungen geht es bei den Überlebenshilfen also nicht um eine «Verlängerung» der Sucht, sondern darum, den Drogenkonsumenten unter den entwürdigenden Bedingungen der Illegalität das Überstehen ihrer Abhängigkeit zu ermöglichen. Und das ist schließlich die Voraussetzung für alle weiteren Schritte, so sie denn gewollt sind...

Konkrete Angebote der Überlebenshilfen

● Zu Beginn soll betont werden, daß mit den Überlebenshilfen der Kontakt zu einem Menschen möglich ist, der den Drogenabhängigen einfach so akzeptiert, wie er ist («breit», «clean», substituiert usw.). Dies geschieht natürlich auch in anderen Einrichtungen, aber im Bereich der Überlebenshilfen ist dieser menschliche Kontakt zunächst voraussetzungslos. Die Gespräche mit den Drogenberatern und -beraterinnen sind kostenlos und anonym.

● Um die Gelegenheit zum Kontakt mit anderen Junkies zu ermöglichen, gibt es «offene» Kontaktbereiche und Treffpunkte wie kleine Cafés oder Sitzgelegenheiten, wo man sich in Ruhe unterhalten kann.

● Ein grundlegendes Element der Überlebenshilfen und des risikoarmen Umgangs mit Drogen ist das Angebot zum Spritzentausch («Pumpentausch»). Die Konsumenten, die sich Drogen durch das Spritzen in Venen zuführen, können ihre benutzten Spritzen eins zu eins gegen Neue eintauschen. Dadurch soll in erster Linie das Weitergeben oder Ausleihen der eigenen, benutzten Spritzen zum Gebrauch an andere («Needle sharing») vermieden werden. Das Benutzen einer gemeinsamen Spritze durch mehrere Menschen ist besonders wegen der möglichen Übertragung und Ansteckung von Krankheitserregern (zum Beispiel HI-Virus) gefährlich! Außerdem wird durch den regelmäßigen Tausch das Mehrfachbenutzen von Spritzen eingeschränkt (durch häufiges Benutzen stumpfen die Nadeln ab und führen zu Verletzungen an der Vene). Dazu werden die weiteren Teile eines «Spritzbestecks» angeboten. Das sind Alkoholtupfer zur Reinigung der Haut sowie destilliertes Wasser zum Aufziehen der Droge in die Spritzenkanüle.

● Außerdem werden zur Vorbeugung gegen die HIV-Infizierung eine spezielle Beratung über die Ansteckungsgefahren und Übertragungswege des HI-Virus und die kostenlose Ausgabe von Kondomen angeboten.

● Der Drogenabhängige kann sich über die Regeln für den möglichst risikoarmen Gebrauch von Drogen informieren lassen: Mischkonsum von Heroin mit anderen Medikamenten und Alkohol vermeiden, nur das eigene und saubere Spritzbesteck benutzen, sich in Ruhe den Druck setzen und langsam injizieren, um eventuelle Überdosierungen rechtzeitig zu spüren.

● Häufig kann eine medizinische Akutversorgung durch Ärzte und Ärztinnen in den Einrichtungen gewährleistet werden, die von Besuchern ohne Krankenschein in Anspruch genommen werden kann.

● Die Überlebenshilfen bieten mit separaten sanitären Anlagen kostenlos die Möglichkeit, sich zu duschen, Wäsche zu waschen und zu trocknen. Diese Angebote werden in erster Linie von den obdachlosen Drogenkonsumenten benutzt.

● Ein wichtiger Bereich ist das Angebot von warmen Mahlzeiten und alkoholfreien Getränken zum Selbstkostenpreis.

● Zu den Überlebenshilfen gehört auch die Unterstützung bei Problemen im Bereich Justiz und Rechtsangelegenheiten, bei Wohnraumbeschaffung, Arbeitssuche, Schuldenregulierung usw. Entweder kann vom Personal der Einrichtung beraten werden, oder es besteht die Möglichkeit, mit entsprechenden Fachleuten zu kooperieren und an sie weiter zu vermitteln.

● Übernachtungsstätten verschiedenster Art bieten den obdachlosen Junkies nachts Unterkunft. In Krisenwohnungen ist es möglich, über einen längeren Zeitraum zu leben und von dort aus weitere Schritte zu planen. Dabei sind die Betreuungsverhältnisse während des Aufenthaltes in den Einrichtungen unterschiedlich ausgeprägt. Das hängt immer davon ab, wie das inhaltliche Konzept ist und wieviel Geld für entsprechendes Personal zur Verfügung steht.

Wo findet man Überlebenshilfen?

Die genannten Überlebenshilfen werden zum einen in Form einer besonders dafür vorgesehenen Einrichtung angeboten. Hierzu gehören zum Beispiel Gesundheitsräume, mobile Busse für Spritzentausch und Beratung, Übernachtungsstätten für Junkies oder Kontaktläden. Überlebenshilfen sind zum anderen häufig Bestandteile komplexerer Angebote anderer Einrichtungen. Dazu zählen zum

Beispiel Suchtberatungsstellen, spezielle Einrichtungen für die psychosoziale Betreuung Substituierter oder Wohneinrichtungen, in denen zum Beispiel jeweils Spritzen getauscht werden können. Jede Einrichtung kann Sie oder den Drogenabhängigen darüber informieren, welche Überlebenshilfen konkret angeboten werden.

Die Gesundheitsräume möchte ich extra erwähnen, da sie erst seit kurzem existieren. Sie widmen sich der Überlebenshilfe in besonderer Art und Weise und ergänzen damit die Landschaft des gesamten Drogenhilfesystems. In Hamburg stehen Gesundheitsräume in der Tradition der Fixerräume. «Die Idee der Fixerräume steht für den streßfreien Konsum illegalisierter Drogen unter menschenwürdigen und hygienischen Bedingungen... Wir helfen und beraten in Gesundheits- und Hygienefragen. Ein Schwerpunkt dabei ist der sichere Umgang mit Drogen – ‹safe use›. Wir geben praktische Ratschläge, um schädliche Nebenwirkungen beim Drogenkonsum zu vermeiden (Schadensbegrenzung)...» schreibt zum Beispiel der jüngst eröffnete Hamburger Gesundheitsraum «Abrigado» * in seinem Prospekt.

Die Junkies haben dort unter anderem die Möglichkeit, richtig spritzen zu lernen – denn wenn sie es ohnehin tun, dann lieber risikomindernd als «noch oben drauf» gesundheitsschädigend.

3. Substitution

Substitution (substituieren = ersetzen) bedeutet, daß der Drogenabhängige mit einem Ersatzstoff behandelt wird. Die Substitutionsbehandlung mit codeinhaltigen Präparaten oder L-Polamidon / Methadon gehört zum einen zu den Überlebenshilfen und ist zum anderen für viele ein Weg des allmählichen Ausstiegs aus der Drogenabhängigkeit.

* Abrigado – freiraum hamburg e. V., Verein für akzeptierende Drogenarbeit. Adresse über die Hamburger Landesstelle gegen die Suchtgefahren zu beziehen.

Bei der Substitution mit L-Polamidon / Methadon wird dem Drogenabhängigen im Regelrahmen eines zuständigen Programms täglich der Ersatzstoff («Pola») – legal – verabreicht. Dabei bleibt eine Abhängigkeit bestehen, aber der Drogenabhängige ist vom ständigen Streß der – illegalen – Drogen- und Geldbeschaffung befreit.

Wie bekommt man einen Platz im Substitutionsprogramm?

Die Substitution wird in den Bundesländern in Form von «Substitutions-Programmen» unterschiedlich gehandhabt. Jede Beratungsstelle kann Sie darüber informieren, unter welchen Voraussetzungen man in Ihrem Bundesland in das Substitutionsprogramm kommen kann.

In Hamburg beispielsweise ist für die Aufnahme in das Polamidonprogramm die Zustimmung einer Sachverständigenkommission der Ärztekammer notwendig. Dafür muß der Drogenabhängige eine Bewerbung sowie einen ausführlichen Lebenslauf schreiben. Von seiten einer Beratungsstelle oder einer ähnlichen Einrichtung bedarf es einer fachlichen Befürwortung, in der aus psychosozialer Sicht die Substitution begründet wird. Von seiten eines Arztes muß die medizinische Befürwortung erstellt werden. Der Drogenabhängige braucht einen Arzt für die «Pola»-Vergabe und eine Einrichtung für eine psychoziale Betreuung während der Substitution. Im Falle einer Bewilligung der Substitution kann die L-Polamidonbehandlung von einer extra dafür ausgestatteten «Drogenambulanz» ausgeführt werden. Der Drogenabhängige muß dann täglich kommen und erhält die flüssige Substanz direkt vor Ort. Außerdem kann die Polamidon-Ausgabe in Zusammenarbeit mit einem niedergelassenen Arzt in einer zuständigen Apotheke erfolgen. * Dieser medizinische Teil der Substitution wird durch die Krankenversicherung finanziert.

* Zu den medizinischen Aspekten verweise ich an den Beitrag von Anne Schumacher in diesem Buch.

Die psychosoziale Betreuung

Üblicherweise findet während der Substitutionsbehandlung zudem eine psychosoziale Betreuung statt. Diese wird in Beratungsstellen oder in speziell dafür vorgesehenen Einrichtungen durchgeführt und in Hamburg von der zuständigen Behörde für Arbeit, Gesundheit und Soziales bezahlt. Die psychosoziale Begleitung findet in Form von Einzel- oder Gruppengesprächen statt, die mehr oder weniger therapeutisch ausgerichtet sind. Viele Einrichtungen bieten außerdem Möglichkeiten der aktiven und kreativen Freizeitgestaltung an. In diesem Bereich haben sich in den letzten Jahren viele Selbsthilfegruppen und Projekte gebildet, in denen sich die Substituierten gegenseitig darin unterstützen, ihre Substitutionsbehandlung sinnvoll zu nutzen. Für einige der Betroffenen sind kontinuierliche Gespräche und Freizeitangebote sehr wichtig. Denn die Substitution kann große Veränderungen im Leben eines Drogenabhängigen mit sich bringen. Wo vorher ihr Alltag durch die ständige Drogen- und Geldbeschaffung in gewisser Weise strukturiert war, so entsteht mit der Substitutionsbehandlung plötzlich ein «Loch» im Tagesablauf. Der Beschaffungsdruck und die bisher gewohnte «Sinngebung» sind schlagartig weg – und nur bei den wenigsten kann sich im reibungslosen Übergang eine alternative Lebensform entwickeln. So kommt es häufig vor, daß die Substituierten zunächst depressiv werden, nicht wissen, wie sie ihre Zeit sinnvoll und befriedigend verbringen können, vor Problemen wie Arbeitslosigkeit, Wohnungslosigkeit und Schulden stehen und oftmals alte, verschleppte Probleme stärker ins Bewußtsein dringen.

Sich mit der Substitutionsbehandlung erst einmal zurechtzufinden ist als Prozeß zu verstehen, der Rückfälle und Krisen beinhalten kann und auf jeden Fall seine Zeit braucht.

Für eine Substitution mit codeinhaltigen Präparaten (DHC oder Remedacen) ist ein Antragsverfahren für die Sachverständigenkommission der Ärztekammer in Hamburg nicht erforderlich. Die Hamburger Landesstelle gegen die Suchtgefahren schreibt dazu: «Auch diese Form der Substitution muß aber unter sorgfältiger ärztlicher

Kontrolle und ggf. mit einer begleitenden psychosozialen Betreuung erfolgen. In der Regel ist aus fachlicher Sicht die Substitution mit Methadon/L-Polamidon einer Behandlung mit Codein vorzuziehen.»*

In der Gesamtheit ist die Substitution für viele Drogenabhängige ihr individueller Weg, Schritt für Schritt ein neues Leben aufzubauen. Bewiesenermaßen verbessert sich nach und nach der körperliche Zustand der Drogenabhängigen, da sie den Ersatzstoff unter geregelten und hygienischen Umständen zu sich nehmen. Im Lauf der Zeit trägt die Substitutionsbehandlung zur Verbesserung der seelischen Verfassung bei, und eine soziale Integration in die Gesellschaft wird wieder möglich. Aus diesem Grunde ist heute eine Entwicklung absehbar, in der der Zugang in das Substitutionsprogramm für den Betroffenen erleichtert wird. So sollen mehr Drogenabhängige von diesem Angebot erreicht werden können. Die Länge der Substitutionsbehandlung ist dabei unerheblich und sollte lieber Jahre andauern, als zu früh abgebrochen werden.

4. Ausstiegshilfen

Entgiftung

«Entgiftung» oder «Entzug» bedeutet, daß der Körper der Drogenabhängigen sich vom «Gift», wie das Straßenheroin oft genannt wird, befreien (entgiften) kann. Das setzt voraus, daß dem Körper in dieser Zeit keine Drogen zugeführt werden. Während der Entgiftung wird die Drogenabhängige mit den Entzugserscheinungen konfrontiert.

* Hamburgische Landesstelle gegen die Suchtgefahren e. V., Behörde für Arbeit, Gesundheit und Soziales, Landesamt für Rehabilitation – Referat Drogen und Sucht – (Hrsg): Kursbuch Sucht, Suchtberatung und Suchtbehandlung in Hamburg 1994/1995, Einführung.

Sie spürt nun sehr genau die körperliche Seite ihrer Abhängigkeit oder «schiebt einen Affen», wie es in der Szene heißt. Wird eine Entgiftung ohne jede medikamentöse Unterstützung durchgeführt, so nennt man dies «kalter» Entzug. Ein «warmer» Entzug dagegen wird durch Medikamente unterstützt, die die Auswirkung der Entzugserscheinungen etwas lindern sollen. Gewöhnlich werden codeinhaltige Präparate (Remedacen, DHC) oder L-Polamidon / Methadon verabreicht.

Was die exakte Darstellung der körperlichen Seite der Entgiftung und weiterer medizinischer Aspekte angeht, so möchte ich Sie an den Artikel von Anne Schumacher in diesem Buch verweisen.

Entgiftungen werden aus unterschiedlichen Motiven durchgeführt, die alle ihre Berechtigung haben.

Zum einen ist die körperliche Entgiftung im offiziellen Rahmen eine zwingende Voraussetzung für die stationäre wie auch für die ambulante Clean-Therapie. Zum anderen werden Entzüge durchgeführt, um sich körperlich zu regenerieren, um eine «Pause» im Drogenkonsum einzulegen oder weil man sich bereits davon den Ausstieg aus der Drogenabhängigkeit erhofft.

Viele Drogenabhängige haben Angst vor den Entzugserscheinungen und fühlen sich während der Entgiftung sehr elend und schlecht. Deshalb ist die Gefahr, eine Entgiftung vorzeitig abzubrechen und sich den heiß ersehnten «Druck» zu setzen, sehr groß. Für die Drogenabhängige erscheint dies in dem Moment als Erlösung von ihren körperlichen und seelischen Beschwerden. Allerdings beherbergt der erste Rückfall nach einer Entgiftung ein spezielles Risiko. Da die Drogenabhängige durch die Tage der Entgiftung vom Heroin entwöhnt ist, kann es sein, daß ihr Körper nun massiver als gewohnt auf die erneute Zufuhr der Droge reagiert. Hinzu kommt die ständige Ungewißheit, wieviel reines Heroin in dem Päckchen, was sie auf dem Schwarzmarkt erstanden hat, neben den unbekannten und schädlichen Streckmitteln überhaupt enthalten ist. Dadurch können sich große Schwankungen in der Dosierung und damit der körperlichen Auswirkung der Droge ergeben. Warenschutz und Verbraucherberatung gibt es schließlich nur bei den *legalen* Drogen!

Die seelische Seite einer Entgiftung

Der Entzug ist nicht nur aufgrund der körperlichen Leiden schwierig. Auch der vorzeitige Abbruch einer Entgiftung erklärt sich nicht allein aus dem Wunsch nach Befreiung von den körperlichen Schmerzen. Für viele Junkies ist der körperliche Entzug schwer, weil «der Kopf» nicht so schnell mitmacht. Während in der Phase des aktuellen Drogenkonsums die Gedanken und Gefühle der Drogenabhängigen sich selbst und ihrer Umwelt gegenüber wie betäubt sind, wird in der Zeit des Entzuges der Kopf wieder klar. Die bewußte Wahrnehmung der Wirklichkeit ist nicht mehr getrübt durch die Wirkung der Drogen. In einer solchen Lage wird der Drogenabhängigen seit langer Zeit wieder ihre tatsächliche Situation bewußt. Und die ist für viele nicht rosig. Da ist erst einmal die bittere – bewußte – Wahrnehmung: «Ich bin drogenabhängig». Vielleicht tauchen alte Ängste oder bedrohliche Erinnerungen wieder auf, die mit dem Drogenkonsum ausgeblendet wurden. Dies kann frühe (traumatische) Erfahrungen aus der Kindheit betreffen, wie die des sexuellen Mißbrauchs. Es können auch Eindrücke und Gefühle von jüngeren Erlebnissen aufgewühlt werden, wie die aus Zeiten der Beschaffungskriminalität oder eventueller Gefängnisaufenthalte und Prostitution. Vielleicht warten nach dem Entzug ein Schuldenberg, eine verkrachte Beziehung, enttäuschte Eltern, eine abgebrochene Lehrstelle und das nächste Gerichtsverfahren wegen Ladendiebstahl. Viele Junkies fühlen es so, als stünden sie plötzlich vor dem «Scheiterhaufen» ihrer Existenz.

Die Aufzählung all dieser Probleme mag für einige Leser und Leserinnen zu dramatisch klingen. Wir dürfen aber nicht vergessen, daß es auch für nicht drogenabhängige Menschen schwer ist, inmitten persönlicher Lebensprobleme einen optimistischen Blick für die Zukunft zu behalten und die Kraft zum Lösen der Probleme aufzubringen. Dies fordert viel Selbstbewußtsein, Zuversicht und Vertrauen auf die eigenen inneren Kräfte. Und gerade jene Fähigkeiten – den Konflikt wahrnehmen, diesen Zustand erst einmal aushalten und dann das Problem Schritt für Schritt lösen – sind bei vielen Drogenabhängigen im Zuge des Lebens «auf der Szene» verschüttet.

Wie lange dauert eine Entgiftung

Wie lange eine Entgiftung dauert, hängt von unterschiedlichen Faktoren ab. Wichtig ist die Dauer der Drogenabhängigkeit, die Höhe der Dosierung der täglichen Drogenmenge und der allgemeine körperliche Zustand des Menschen. Von großer Bedeutung ist außerdem der Beikonsum, das heißt die Menge der anderen Drogen oder Medikamente, die konsumiert wurden oder werden. Da das Straßenheroin qualitativ oft schlecht ist, liegt in der Regel ein Beikonsum anderer Mittel vor, häufig sogar sehr ausgeprägt. In der Regel hängt es davon ab, was auf dem Schwarzmarkt gerade zu kaufen ist. Je höher nun der Beikonsum von zum Beispiel «Rosch» (= Rohypnol, ein starkes Beruhigungsmittel) und Alkohol ist, desto langwieriger und medizinisch komplizierter ist die Entgiftung des Körpers. So kann eine Entgiftung von drei Tagen bis zu sechs Wochen und länger dauern.

Es sollte noch gesagt werden, daß auch der Zweck einer Entgiftung die Zeit beeinflussen kann. Es macht etwas aus, ob zum Beispiel eine junge Frau entgiftet, um sich im Krankenhaus körperlich zu erholen, und ansonsten keine Ausstiegsperspektive entwickelt hat. Wenn eine Entgiftung für eine daran anschließende stationäre Cleantherapie stattfindet, kann sich die Entgiftung unter Umständen länger hinziehen, da im Prozeß des Entzuges die Drogenabhängige inhaltlich auf den Therapieaufenthalt vorbereitet wird.

Wo kann man entgiften

A) Stationäre Entgiftung

Aufgrund des Risikos körperlicher Komplikationen während einer Entgiftung und der hohen Abbruchgefahr wird der Entzug von illegalen Drogen hauptsächlich in stationärer Form und unter medizinischer Obhut durchgeführt. Zuständig sind dafür jene Krankenhäuser Ihres Bundeslandes, die spezielle Entgiftungsstationen aufgebaut haben. Meistens sind dies Krankenhäuser mit größeren psychiatrischen Abteilungen. Punktuell entgiften auch andere Krankenhäuser, erfahrungsgemäß aber nur in Einzelfällen. In Hamburg zum Beispiel hat das Allgemeine Krankenhaus Ochsenzoll drei Entgiftungsstationen speziell für Drogenabhängige eingerichtet.

Zum Konzept dieser Entgiftungen gehören neben der medizinischen Versorgung auch Angebote im psychosozialen Bereich (für die «seelische Seite» der Entgiftung). Die Drogenabhängige hat damit die Möglichkeit, mit entsprechendem Personal Gespräche zu führen und sich über ihre Gedanken, Gefühle, Ängste und Sorgen auszutauschen. Auch um der Drogenabhängigen eine Ablenkung von quälenden Gedanken an die Droge zu ermöglichen, kann oder muß sie während des Entzuges an kreativ arbeitenden Gruppen (zum Beispiel malen, mit Ton arbeiten, sich sportlich betätigen) oder an Gruppengesprächen teilnehmen. Dies unterscheidet einen Krankenhausaufenthalt zum Drogenentzug von einem Aufenthalt wegen rein körperlicher Erkrankungen.

B) Ambulante Entgiftung
In Hamburg – und vielleicht auch in Ihrem Bundesland – gibt es seit kurzem zusätzlich das Angebot einer ambulanten Entgiftung. Der Arzt dieser Einrichtung klärt vor Beginn der Entgiftung ab, ob ein ambulanter Entzug medizinisch zu verantworten ist. Während des Entzuges bleibt die Drogenabhängige zu Hause oder bei ihren Freunden und sucht täglich die Einrichtung auf. Dort wird sie regelmäßig ärztlich untersucht, erhält unterstützende Medikamente und psychosoziale Betreuung zur Unterstützung bei psychischen Problemen.

C) Sonstige Möglichkeiten der Entgiftung
Viele Drogenabhängige versuchen einen oder mehrere Entzüge zu Hause oder bei Freunden, also privat. Dabei reicht die Spanne der Hilfsmittel, die für die Linderung der Entzugserscheinungen verwendet werden, von Schnaps bis zu Medikamenten, die vorher auf dem Schwarzmarkt beschafft wurden. Auch kalte Entzüge werden privat ausprobiert. Private Entzüge werden als Voraussetzung für stationäre und ambulante Clean-Therapien nicht akzeptiert. Hierzu muß

die Entgiftung in einem offiziellen Rahmen (siehe A. und B.) stattfinden.

Private Entzüge können sehr riskant sein und haben oft nur geringe Erfolgsaussichten. Außerdem ist das Durchhalten eines privaten Entzuges für *alle* Beteiligten eine große Belastung, was häufig zu Reibereien und Konflikten führt.

Zum ersten:

Das Risiko einer privaten Entgiftung besteht in der Möglichkeit körperlicher Komplikationen, die sofort ärztlich behandelt werden müßten oder die mit einer vorherigen medizinischen Versorgung gar nicht erst aufgetreten wären. Medizinische Laien können nicht verantwortungsvoll beurteilen, ob das Auftreten von zum Beispiel Krampfanfällen wahrscheinlich ist oder nicht[*]. Aus diesem Grunde empfiehlt es sich dringend, eine private Entgiftung nur mit enger Anbindung an einen Arzt zu starten und durchzuführen. Zudem sollte man selbst als Begleiterin eines Entzuges in der Lage sein, im Notfall Erste Hilfe zu leisten.

Auch unterhalb dieser Ebene ist es ratsam, sich vor dem Beginn einer privaten Entgiftung das notwendige Wissen über Entzugserscheinungen und über die richtigen Umgehensweisen damit anzueignen. Das betrifft zum Beispiel die Ernährung während des Entzuges – was tun bei häufigem Erbrechen? Oder bei Verstopfung oder bei Durchfall? Was tun beim Auftreten von Schlafstörungen oder Alpträumen, bei Unruhe, Schwitzen und Frieren?

Antworten auf diese Fragen erhalten Sie bei Ärzten, die in der Arbeit mit Drogenabhängigen Erfahrungen haben und in vielen Einrichtungen des Drogenhilfesystems. Es ist also ratsam, sich neben der ärztlichen Begleitung um eine umfassende, inhaltliche Vorbereitung zu kümmern.

---

[*] Auch an dieser Stelle wieder ein Verweis an die medizinischen Ausführungen von Anne Schumacher.

Zum zweiten:

Die Erfolgsaussichten sind oft gering, da in der privaten, bekannten Umgebung viele «Verführungen» lauern. Für den Drogenabhängigen ist in seiner gewohnten Umgebung die Vorstellung, wie er an Stoff herankommen könnte, genauer spürbar, sie ist einfach «dichter dran». Dazu fehlt es in privater Umgebung an jenem Regelrahmen, der dem Drogenabhängigen während der Entgiftung eine gewisse Struktur gibt. Und es fehlt die psychosoziale Betreuung von Fachpersonal, die dem Drogenabhängigen die Auseinandersetzung mit sich und seinen Zielen ermöglicht. Eltern, Freunde oder Verwandte können diese Rolle oft nicht übernehmen, da sie zu eng mit dem Drogenabhängigen verbunden sind.

Zum dritten:

Reibereien können auftreten, da die Beteiligten den Drogenabhängigen natürlich daran hindern könnten, die Entgiftung abzubrechen. In diesen Konflikten wird nicht nur vom Drogenabhängigen, sondern auch von den Beteiligten viel Durchhaltekraft verlangt. Für Fachpersonal ist dies alltäglich, für Sie als Mutter oder als Freund kann diese Situation an Ihre Grenzen führen. Zudem verknüpfen jene, die den Entzug ihres drogenabhängigen Angehörigen «live» miterleben, viele Hoffnungen damit – denn die gemeinsame Anstrengung soll sich doch gelohnt haben! Im Falle des Rückfalls ist die Enttäuschung und Ernüchterung oft riesengroß.

Fazit:

Eine private Entgiftung wird wahrscheinlich immer wieder versucht werden und ist aus der Palette der Umgehensweisen mit Drogenabhängigkeit nicht wegzudenken. Es ist schließlich für viele ein Versuch, aus der Abhängigkeit auszusteigen, und ein Moment, wo der Wille zur Veränderung aufflackert. Also: Wenn eine private Entgiftung durchgeführt wird, dann nur mit ärztlicher Begleitung und einer inhaltlichen Vorbereitung, in der Sie sich das nötige Wissen aneignen und alle oben genannten Aspekte abwägen sollten!

Wie kommt man an einen Entgiftungsplatz?

Die Adressen der Krankenhäuser und der Einrichtungen für ambulante Entgiftung erfahren Sie über die Landesstelle gegen die Suchtgefahren Ihres Bundeslandes.

In der Regel muß sich der Betroffene an ein entsprechendes Krankenhaus wenden, dort anrufen und sich – eventuell auch schriftlich – für einen Entgiftungsplatz anmelden. Da es in Deutschland viel zu wenig Entgiftungsplätze gibt, wird der Betreffende auf die Warteliste gesetzt. Einige Krankenhäuser entgiften nur, wenn hinterher eine weiterführende Clean-Therapie stattfindet. Für den Krankenhausaufenthalt benötigt der Drogenabhängige die Einweisung eines Arztes. Bezahlt wird der Entgiftungsaufenthalt von den Krankenkassen oder vom zuständigen Sozialamt, wenn der Drogenkonsument nicht krankenversichert ist. Natürlich kommt noch die Eigenbeteiligung in der aktuellen Höhe der Tagessätze hinzu, die bei Sozialhilfeempfängern vom zuständigen Sozialamt übernommen werden kann.

Stationäre Therapie

Stationäre Drogentherapie bedeutet, daß der Drogenabhängige für einige Monate aus seinem aktuellen Lebenszusammenhang aussteigt und in einer therapeutischen Einrichtung in seiner Stadt oder anderswo im Bundesgebiet wohnt und lebt. Man sagt dazu auch «stationäre Cleantherapie» oder offiziell «stationäre Entwöhnung». In der stationären Therapie geht es nicht um den körperlichen Entzug von der Droge, sondern um «Kopf und Seele», wie viele sagen, also um die psychische Seite der Abhängigkeit.

Das Ziel der stationären Therapie ist – mit Unterschieden in der inhaltlichen Gewichtung und der alltäglichen Praxis der jeweiligen Einrichtungen – die Abstinenz (Enthaltsamkeit) von der Droge. Außerdem wird angestrebt, daß der Drogenabhängige neue Perspektiven und Ziele für ein drogenfreies Leben entwickeln kann.

Die Drogenabhängigen können die stationäre Therapie erst nach einem körperlichen Entzug, also clean, beginnen und dürfen während des Therapieaufenthaltes keine Drogen zu sich nehmen. Wird der Drogenabhängige doch während der Therapie rückfällig, so muß er in der Regel die Einrichtung verlassen («disziplinarische Entlassung»). Für die Feststellung eines Rückfalles können Urinkontrollen durchgeführt werden (in einer labormedizinischen Untersuchung sind im Urin Opiate nachweisbar). Der Drogenabhängige kann die Einrichtung natürlich auch auf eigenen Wunsch *vor* der offiziellen Beendigung seiner Therapie verlassen, was dann als «Therapieabbruch» gewertet wird.

In der Regel ist die stationäre Cleantherapie in unterschiedliche Stufen, Phasen oder Etappen aufgeteilt, die der Drogenabhängige während der Therapie durchläuft. Die Phasen sind inhaltlich nach zunehmenden Verantwortungsbereichen und Regellockerungen gestaffelt. Zu Beginn steht der Therapieteilnehmer unter einer unterschiedlich langen Kontaktsperre. Dabei geht es darum, den Drogenabhängigen vor eventuellen Drogenkontakten zu schützen und ihm Zeit zu geben, sich erst einmal in der Einrichtung zurechtzufinden.

Die stationäre Drogentherapie galt lange Zeit als der Königsweg zur Behandlung Abhängiger. Diese zentrale Stellung ergab sich aus der allgemeinen Abstinenzorientierung, die bis zur Entstehung akzeptierender Drogenarbeit als oberstes Prinzip in der Drogenhilfe vorherrschend war. Im Zuge der Veränderungen im Drogenhilfesystem haben sich die zentrale Stellung der stationären Drogentherapie sowie ihr konzeptionelles Innenleben (teilweise) stark verändert.

Heute ist die stationäre Drogentherapie *eine* Möglichkeit von vielen, mit Drogenabhängigkeit und Ausstiegswunsch umzugehen. Wo früher gar nicht danach gefragt wurde, ob die Entscheidung, sich in eine stationäre Drogentherapie zu begeben, für die Persönlichkeit des betreffenden Menschen der passende Weg ist, so kann heute angesichts der Vielfalt von Hilfsangeboten diese Entscheidung bewußter abgewogen werden. Denn wie bei jeder anderen Behandlung muß auch hier genau untersucht werden, ob die Behandlungsmethode der Wahl für die betreffende Person überhaupt der richtige Weg ist und somit zum Erfolg führen kann. Da die stationäre Therapie viel aktive Mitarbeit zur Lösung der Frage «Warum bin ich abhängig geworden, und wie kann ich ohne Drogen leben?» vom Drogenabhängigen abverlangt, hat sie meiner Ansicht nach nur dann einen Sinn, wenn sich der Drogenabhängige freiwillig und in Abwägung anderer Alternativen zu der stationären Therapie entschlossen hat. Die Motivation sollte also möglichst *selbst*bestimmt – und nicht durch öffentliche Instanzen oder andere Menschen *fremd*bestimmt sein.

Stationäre Cleantherapie ist zum Teil mit der Justiz verknüpft, was im § 35 des BtmG («Therapie statt Strafe») verankert ist. Ich gehe auf diesen Aspekt nicht weiter ein und verweise Sie an Michael Nitschke in diesem Buch.

Zur Angebotsstruktur der stationären Therapien

Es gibt große Unterschiede im Bereich der stationären Cleantherapien, und viele Betroffene, Angehörige, Drogenberaterinnen und Drogenberater, Wissenschaftlerinnen und Wissenschaftler verbinden Unterschiedliches mit diesem Begriff.

Einige Einrichtungen haben den Charakter einer großen Fachklinik, andere dagegen kann man sich eher wie eine (große) Gemeinschaft Drogenabhängiger vorstellen, die in einem Haus zusammen leben und dort von Fachpersonal betreut werden.

Die Unterschiede hängen wesentlich von zwei Faktoren ab, die sehr miteinander verwoben sind.

1. Das inhaltliche Konzept der Einrichtung.
Dies umfaßt den gesellschaftspolitischen Hintergrund und die Entstehungsgeschichte der Einrichtung, umfaßt weiter das Verständnis von Abhängigkeit und das Erklärungsmodell ihrer Ursachen (zum Beispiel rein medizinisches, gesellschaftlich / politisches oder psychologisches Erklärungsmodell). Das wiederum hat zur Konsequenz, wie die Therapie praktisch abläuft; also ob eine – und wenn, dann welche Therapierichtung bevorzugt wird. Damit geht einher, wie die personelle Ausstattung und Gewichtung der medizinischen und psychoso-

zialen Betreuung ausfällt und wie mit Hausregeln, Verstößen, Abstinenzgebot und Rückfällen verfahren wird.

Dies alles kann deshalb so unterschiedlich sein, weil es wissenschaftlich nach wie vor unklar ist, wie Abhängigkeit genau entsteht und wie die passende Therapieform zu deren Behandlung aussieht.

Vom inhaltlichen Konzept und dem zugrundeliegenden Menschenbild der Einrichtung hängt es schließlich ab, wie mit Drogenabhängigen während der Therapie umgegangen wird.

2. Die Finanzierung der Einrichtung.

Die Einrichtungen für stationäre Cleantherapie werden über Pflegesätze (darin ist das Geld, was die Einrichtung für ihren Betrieb braucht, erfaßt) finanziert. Dieser Pflegesatz wird zwischen der Einrichtung oder ihrem Träger und den Kostenträgern ausgehandelt. Der vereinbarte Betrag wird dann im Falle der Bewilligung eines Therapieaufenthaltes von der für den Drogenabhängigen zuständigen Rentenversicherungsanstalt (oder einem anderen zuständigen Kostenträger) bezahlt.

Zu den konkreten Regelungen der Kostenübernahme für einen stationären Therapieaufenthalt lesen Sie bitte die genauen Schritte weiter unten.

Es macht nun einen Unterschied aus, ob zum Beispiel eine Einrichtung von der BfA (Bundesversicherungsanstalt für Angestellte) anerkannt ist oder nicht. Wenn die BfA eine Einrichtung anerkennt und die Therapiekosten übernimmt, die Einrichtung also «belegt», dann hat die BfA natürlich mit den Kriterien, nach denen sie eine Einrichtung anerkennt oder nicht, Einfluß auf ihre inhaltliche Ausgestaltung. Die BfA favorisiert die eher medizinisch orientierten Einrichtungen, in denen das Fachpersonal entsprechend gewichtet ist und das Bild von Abhängigkeit mehr medizinisch / psychotherapeutisch und weniger gesellschaftlich / sozialtherapeutisch ausgeprägt ist. So ist es zu erklären, daß zum Beispiel die von der BfA anerkannten Einrichtungen eher den Charakter einer Fachklinik besitzen und von den inneren Strukturen häufig an den Krankenhausalltag erinnern können.

Anders dagegen handelt die LVA (Landesversicherungsanstalt). Die LVA belegt obige Einrichtungen ebenfalls, aber in Ergänzung zur BfA auch anders arbeitende Therapieeinrichtungen. Diese gleichen mehr einem Modell von therapeutischen Wohngemeinschaften, sind nicht so medizinisch oder psychotherapeutisch orientiert und betrachten in der Regel stärker das soziale Umfeld des Klienten.

Was gibt es konkret für Einrichtungen?

Im Rahmen der beschriebenen Unterschiede gibt es mittlerweile eine bunte Palette differenzierter Angebote im stationären Therapiebereich.

● Es gibt Kurzzeittherapien, die in der Regel drei Monate dauern. Die Langzeittherapien dauern bis zu 12 Monaten, wobei in Einzelfällen eine Verlängerung bis zu insgesamt 18 Monaten bewilligt werden kann.

● Es gibt sozialtherapeutisch und psychotherapeutisch geprägte Einrichtungen. Diesen inhaltlichen Unterschied kann man nur schwer in wenigen Worten beschreiben. Natürlich geht es für die Drogenabhängigen in beiden um die Frage: «Wie kann ich ohne Droge leben lernen?» Dabei gewichtet eine sozialtherapeutische Einrichtung eher das soziale Verhalten in der Gruppe. Sie ist lebenspraktisch orientiert und sieht den Drogenabhängigen im gesellschaftlichen Kontext. In der psychotherapeutischen Einrichtung liegt das Gewicht eher auf der Arbeit mit dem einzelnen und seiner persönlichen Lebensgeschichte. Dabei wird besonders auf die Aufarbeitung jener Zusammenhänge geachtet, die individuell für die Entstehung der Sucht von Bedeutung waren oder sind.

● Es gibt Einrichtungen, die den geschlechtsspezifischen Aspekt ins Zentrum rücken: die Frauentherapieeinrichtungen.

In diesen Einrichtungen arbeitet ausschließlich weibliches Personal mit drogenabhängigen Frauen. Der Hintergrund dafür ist die praktische Erfahrung, daß viele drogenabhängige Frauen Gewalterlebnisse mit Männern im Bereich von Beschaffungsprostitution oder in Beziehungen haben. Viele Frauen brauchen in der Therapie einen Schutz-raum, um über ihre Erfahrungen in vertrauensvoller Atmosphäre reden zu können. Wissenschaftlich wird zudem über geschlechtsspe-zifische Zugänge zur Sucht diskutiert. Leider sind diese wichtigen Einrichtungen oft nicht von der BfA anerkannt. Im Einzelfall kann vielleicht eine Kostenübernahme für eine frauenspezifisch arbeitende Therapie von der BfA durchgesetzt werden.

• Es gibt Einrichtungen, die in der Stadt gelegen sind, und andere, die ihre Häuser in ländlicher Umgebung haben und teilweise Landwirt-schaft betreiben oder Tiere halten.

• Es gibt Einrichtungen, die besonderen Wert auf Arbeit legen und ihren Therapieteilnehmern entsprechende Möglichkeiten anbieten.

• Es gibt Einrichtungen speziell für Jugendliche bis 18 Jahren, die sich in ihrer Angebotsstruktur auf Jugendliche eingestellt haben und zum Teil Schulausbildungen anbieten.

• Es gibt Einrichtungen, die sich auf ausländische Drogenabhängige einstellen und den jeweiligen sprachlichen und kulturellen Hinter-grund der Menschen berücksichtigen.

• Es gibt Einrichtungen, die Frauen mit Kindern und Paare mit oder ohne Kind aufnehmen.

• Es gibt Einrichtungen, die ein spezielles Angebot für behinderte Drogenabhängige (behindertengerechte Zimmer und sanitäre Anla-gen) bereithalten.

• Es gibt Einrichtungen kirchlicher Träger, in denen der kirchliche Hintergrund in unterschiedlichem Maße zu spüren ist.

• Es gibt Einrichtungen, deren Wurzeln in Selbsthilfearbeit liegen, wie Synanon in Berlin.

• Und es gibt leider auch Einrichtungen, die von Sekten betrieben werden. Hier ist äußerste Vorsicht geboten. Ich gehe davon aus, daß in Hamburg keine Beratungsstelle an eine solche Einrichtung vermit-telt, da der Drogenabhängige mit seinem Wunsch, aus der Sucht aus-zusteigen, dort für die Ziele der Sekte instrumentalisiert wird oder zumindest werden kann.

Wer die Wahl hat, hat die Qual?

Obwohl die Unterschiede dieser verschiedenen Einrichtungen hier längst nicht vollständig erfaßt wurden, kann Sie das bisher Beschriebene vielleicht irritieren und durcheinander bringen. Aus diesem Grunde erwähne ich zwei Konsequenzen, die für die Praxis wichtig und hilfreich sind:

Erstens:

Mit jeder und jedem Drogenabhängigen, die oder der sich freiwillig entschlossen hat, eine stationäre Therapie zu machen, sollte ausführlich besprochen werden, welche Einrichtung im Rahmen der Möglichkeiten für die betreffende Person die geeignete ist. Eine gute Beratung ist dabei unerläßlich und kann bei allen Beratungsstellen und anderen Einrichtungen des Drogenhilfesystems in Anspruch genommen werden.

Zweitens:

So unterschiedlich stationäre Therapien auch sein mögen, im Zweifelsfalle kann ein Mensch in fast jeder Therapie, so sie denn fachlich qualifiziert und menschlich korrekt abläuft, etwas für sich lernen, etwas für sich erfahren, an sich arbeiten und Schritte zur Veränderung seines Lebens gehen.

Wie bekommt man einen stationären Therapieplatz?

Um einen Therapieplatz zu bekommen, muß einiges bedacht und getan werden. Auch hierbei ist die freiwillige Motivation des Drogenabhängigen wichtig. Wenn sich Ihr drogenabhängiger Angehöriger für die Organisierung seines Therapieplatzes selber aktiv einsetzt, ist die Wahrscheinlichkeit größer, daß er die Angelegenheit als die Seinige betrachtet und in der Therapie aktiv mitwirkt.

1. Schritt:
Der Drogenabhängige nimmt Kontakt zum Beispiel zu einer Beratungsstelle auf. Dort kann er sich in Beratungsgesprächen informieren lassen und erhält bei allen weiteren Schritten Unterstützung.

2. Schritt:
Er entscheidet sich zum Ausstieg aus der Abhängigkeit und wählt dafür den Weg der stationären Therapie.

3. Schritt:
Mit Hilfe einer qualifizierten Beratung kann er sich für eine Therapieeinrichtung entscheiden. Natürlich muß bei der Wahl der Einrichtung neben den Interessen des Drogenabhängigen auch die Frage berücksichtigt werden, ob sie vom voraussichtlichen Kostenträger anerkannt ist oder nicht. Nun muß sich der Drogenabhängige in der Therapieeinrichtung mit einem kurzen Bewerbungsschreiben und einem Lebenslauf um einen Therapieplatz bewerben. Die Einrichtung nimmt dann zu ihm Kontakt auf und setzt ihn auf ihre Warteliste. Man muß sich in regelmäßigen Abständen bei der Einrichtung telefonisch melden, damit die Einrichtung während der Wartezeit das Signal erhält: «Ich bin nach wie vor an dem Therapieplatz interessiert!» Meldet man sich nicht, so verliert man unter Umständen den Platz auf der Warteliste. Es muß in den meisten Fällen mit einer Wartezeit von drei bis sechs Monaten gerechnet werden.

4. Schritt:
Parallel muß sich der Drogenabhängige um einen Entgiftungsplatz bemühen, denn für die stationäre Cleantherapie ist der körperliche Entzug die Voraussetzung. Dieser Vorgang wurde bereits weiter oben beschrieben.

5. Schritt:
Währenddessen müssen die versicherungsrechtlichen Voraussetzungen (Wer übernimmt die Kosten?) für die Therapie geklärt werden.

Wie bereits erwähnt, wird eine Therapie meistens von dem zuständigen Rentenversicherungsträger des Betreffenden finanziert. Lehnt dieser wegen nicht vorhandenem Versicherungs- und Leistungsanspruch die Kostenübernahme ab, so wird die zuständige Krankenkasse angefragt. Lehnt diese ebenfalls die Kostenübernahme ab, so wird das Sozialamt die Kosten übernehmen. Für alle drei Ansprechpartner gibt es unterschiedliche Antragsverfahren zur Kostenübernahme. Neben den Anträgen zur Kostenübernahme muß von der Drogenberatungsstelle ein zusätzlicher Sozialbericht angefertigt werden, in dem aus fachlicher Sicht die Entscheidung für eine stationäre Therapie befürwortet werden muß.

6. Schritt:
Nun muß der Drogenabhängige die Wartezeit überbrücken. Zumeist wird die Kostenübernahme ausgesprochen, während auf den Therapieplatz noch gewartet werden muß. Sobald von der Therapieeinrichtung signalisiert wird, wann die Therapie begonnen werden kann, muß der Zeitpunkt des körperlichen Entzuges konkretisiert werden. Schließlich wird der Betreffende rechtzeitig vor Therapiebeginn ins Krankenhaus gehen, den körperlichen Entzug machen und dann nahtlos vom Entzugskrankenhaus in die stationäre Therapieeinrichtung fahren. Das Ziel ist, zwischen Entgiftung und Therapiebeginn keine Lücke entstehen zu lassen, weil bekanntlich die Rückfallgefahr nach dem körperlichen Entzug sehr groß ist.

Was bringt stationäre Drogentherapie?

Für viele derjenigen, die aus der Szene aussteigen wollen, spielt ein stationäres Clean-Therapieangebot eine wichtige Rolle. In einer drogenfreien Umgebung ist ein Abstand zur Szene und den alten «Drogenkontakten» gewährleistet. Dieser Zustand kann wie ein Schutzraum begriffen werden, in dem sich der Drogenabhängige «in Ruhe» auf sich besinnen kann. Angespornt durch vielfältige Gesprächsangebote und durch die therapeutische Gemeinschaft können intensive Auseinandersetzungen oft leichter und intensiver erfolgen als in der bekannten, szenenahen Umgebung. Durch die Freizeitaktivitäten haben die Drogenabhängigen die Möglichkeit, sich – drogenfrei – in anderen Gebieten als der Drogenbeschaffung zu erleben. Viele ma chen im Rahmen einer stationären Therapie zum Beispiel das erste Mal in ihrem Leben eine Gruppenreise und erfahren dort, wie schön es sein kann, Landschaft und Sonne zu genießen! Es können Interessen geweckt und neue Lebensperspektiven entwickelt werden, ohne die eine drogenfreie Lebensweise nicht möglich ist.

Da die Wege aus der Drogenabhängigkeit vielfältig sind, gibt es Menschen, die einen zweiten oder dritten Therapieanlauf benötigen. Es gibt Drogenabhängige, die mehrere Therapien abgebrochen haben, bis sie eine zu Ende führen konnten. Es gibt andere, die mehrere abgeschlossene Therapien hinter sich haben. Je länger aber die drogenfreie Zeit eines Drogenabhängigen insgesamt andauert, und je mehr an «Aufbauarbeit» im beruflichen, sozialen und psychischen Bereich in diesen Zeiten erfolgen konnte, desto besser sind die Aussichten auf einen erfolgreichen Ausstiegsprozeß (...wenn er vom Betreffenden angestrebt wird). Rückfallphasen sind dabei üblich und bedeuten nicht, daß die gemachten positiven Erfahrungen dadurch keine Bedeutung mehr haben.

Im Jahrbuch «Sucht» '94 der Deutschen Hauptstelle gegen die Suchtgefahren schreibt J. Leune zu der Bandbreite angebotener Drogentherapien (also von stationär bis ambulant!):

«Im psycho-sozialen Kontext hat die Drogentherapie eine beachtliche Qualität erreicht. Erfolgskontrollen – ... – lassen Quoten von rund 40 Prozent erkennen. D. h. mindestens jede/r 3. Klient/in hat nach der Therapie die Chance zum Ausstieg gewahrt.» * Allerdings, so muß ich ergänzen, fallen die Zahlen wesentlich niedriger aus, wenn die *Langzeitwirkung* der Therapie betrachtet wird. Denn je kurzfristiger die Betroffenen nach ihrem Therapieende zum Erfolgskriterium «Drogenfreiheit» befragt werden, desto höher ist wahrscheinlich die Erfolgsquote.

* Leune, Jost: Illegale Drogen, S. 139, in: Deutsche Hauptstelle gegen die Suchtgefahren (Hrsg), Jahrbuch «Sucht» 94, Geesthacht 1993.

Kritische Gedanken zur stationären Drogentherapie

Die oben zitierte Quote kann außerdem Anlaß geben, den praktischen Ablauf und theoretischen Hintergrund vieler Einrichtungen einmal *kritisch* zu hinterfragen. Ich möchte dabei den Punkt «Entmündigung» des Klienten, Patienten oder Therapieteilnehmers in den Mittelpunkt stellen. Je enger sich der konzeptionelle Hintergrund an das Menschenbild des «unreifen», «infantilen», «stehengebliebenen», «zügellosen» – auf jeden Fall «gestörten» Süchtigen anlehnt, desto größer sehe ich die Gefahr, innerhalb der Therapie zu entmündigenden Strukturen und Verfahren zu greifen. Im alltäglichen Sprachgebrauch kennen wir den Ausspruch: «Die süchtige Persönlichkeit muß erst gebrochen werden, dann kann eine neue aufgebaut werden». Diese Redewendung weckt geradezu «Horror»-Phantasien und ist heute hoffentlich nirgends mehr Grundlage therapeutischen Handelns. Aber manchmal könnte man skeptisch werden, ob nicht doch Reste dieses Denkens in einzelnen Einrichtungen überlebt haben. (Meine Skepsis taucht dann auf, wenn eine Einrichtung sehr viel (zu viel?) Gewicht auf die hierarchische Organisationsstruktur legt. Das Grundmuster dieser Organisationsstruktur beruht auf dem bereits erwähnten gestaffelten System von Freiheiten, Privilegien sowie Kontrollfunktionen gegenüber neuen Mitgliedern. Der Klient muß sich den Zugang zu einer höheren Stufe «erarbeiten». Klaus Schuller* schreibt dazu: «Auch wenn in Institutionen die gestaffelte Vergabe von Privilegien und Verantwortung in den verschiedenen Etappen der Behandlung als Markierungspunkte eines persönlichen Entwicklungs- oder Reifungsprozesses interpretiert werden, so bewirken und signalisieren sie doch in erster Linie die Anpassung des Betroffenen an die Eigengesetzlichkeiten einer Einrichtung.» Es bleibt offen, ob Strukturen dieser Art dazu geeignet sind, die Eigenverantwortlichkeit des Klienten für sein Leben zu fördern.

---

* Schuller, K.: Von Release zur Therapeutischen Kette – und zurück?, S. 39, in: Schuller, Stöver (Hrsg): Akzeptierende Drogenarbeit – Ein Gegenentwurf zur traditionellen Drogenhilfe, Freiburg im Breisgau: Lambertus, 1990

Es gibt weitere kritische Aspekte, die hier benannt werden sollen: Der stationäre Rahmen, der – positiv betrachtet – einen Schutzraum für die Betroffenen darstellt, kann unter Umständen auch einen «Käseglocken-Effekt» beinhalten. Damit ist gemeint, daß Drogenabhängige nach dem Leben im geschützten Rahmen der Einrichtung nun «draußen» alleine zurechtkommen müssen. Für viele ist dies ein «Realitätsschock», der um so größer ist, je weniger die Klienten in der Therapie auf diesen Schritt vorbereitet wurden. In der alltäglichen Realität gibt es eben keine häufigen Gruppensitzungen, in denen man von einem Gruppenmitglied oder Mitarbeiter auf das eine oder andere angesprochen wird und damit Unterstützung erfährt.

Viele kritisieren außerdem, daß in den Therapieeinrichtungen eine gewisse Fähigkeit, sich – sprachlich – auseinanderzusetzen und artikulieren zu können, vorausgesetzt wird. Insbesondere für junge Drogenkonsumenten aus den unteren Einkommensschichten hat dies oft eine abschreckende Wirkung. Generell sind viele Einrichtungen nicht auf die spezifischen Bedürfnisse jugendlicher Drogenabhängiger eingestellt – die therapeutischen Umgehensweisen müßten sich der Lebenswelt von Jugendlichen annähern, was oft zu wünschen übrig läßt.

Schließlich kann erwähnt werden, daß es zur Zeit zunehmend Diskussionen gibt, in den stationären Cleantherapieeinrichtungen *mit* Rückfällen zu arbeiten. Das bedeutet, den Therapieteilnehmer aufgrund eines Rückfalls während der Therapie nicht gleich zu entlassen, sondern mit ihm und in der Gruppe den Rückfall zu bearbeiten. In der Regel aber bedeutet ein Rückfall nach wie vor das Ende der Therapie.

Sie werden merken, daß die kritischen Gedanken hier mehr Raum einnehmen als die Darstellung der positiven Aspekte stationärer Cleantherapie. Viele Einrichtungen tun sich mit einer öffentlichen und selbstkritischen Auseinandersetzung um ihre Konzepte schwer, und Veränderungen kommen oftmals nur schleppend voran. Aus diesem Grunde möchte ich die Möglichkeit zur kritischen Äußerung nutzen, um einen Teil zur Diskussion über die Verbesserung der stationären Cleantherapie beizutragen.

Und nach der stationären Therapie?

Wenn ihr drogenabhängiger Angehöriger nach einem stationären Therapieaufenthalt wieder zu Drogen greift, ist das für Sie wahrscheinlich eine große Enttäuschung. Vielleicht hilft es Ihnen, daran zu denken, daß die Wege der Abhängigkeit unterschiedlich verlaufen und jede drogenfreie Zeit wichtige positive Erfahrungen beinhalten kann! Vielleicht ist die Zeit für Ihren drogenabhängigen Angehörigen noch nicht «reif». Vielleicht hat er oder sie sich wieder für die Droge entschieden, weil eine drogenfreie Lebensweise noch zu weit entfernt schien.

Ich habe oben bereits beschrieben, welche sozialen und seelischen Probleme nach einem stationären Therapieaufenthalt auf den Drogenabhängigen zukommen können. Da dies immer eine Zeit hoher Rückfallgefährdung ist, gibt es einige Hilfsangebote, die in Anspruch genommen werden können:

Möglichkeiten der Nachsorge

Das Ziel der Nachsorge ist es, den Drogenabhängigen in der schwierigen Zeit *nach* dem Therapieende zu stabilisieren. Es gibt mehrere Formen der Nachsorge. Jede Beratungsstelle Ihres Bundeslandes kann Sie darüber informieren, welche Angebote konkret zur Verfügung stehen. Es gibt:

● Ambulante Nachsorge. Hier wohnt der Betroffene privat und kann regelmäßig beraterische und therapeutische Gespräche in Anspruch nehmen. Außerdem gehören lebenspraktische Hilfen, Gruppenangebote und Freizeitaktivitäten dazu.

● Stationäre Nachsorge. Ähnlich wie in einer stationären Therapie leben hier die Betroffenen als Gemeinschaft in Wohnungen oder Häusern zusammen. Allerdings werden sie – im Unterschied zur Therapie – nicht mehr derart intensiv betreut. Diese Form erhält angesichts der hohen Wohnungslosigkeit eine besondere Bedeutung. Oftmals gelingt es nicht, direkt zum Therapieende eine eigene Wohnung gefunden zu haben. Ein Platz in einer Nachsorgewohngemeinschaft kann also eine wichtige Überbrückung bis zum eigenen Wohnraum sein.

Nachsorge setzt generell auf Eigenständigkeit und versucht, entlang am «normalen» (drogenfreien) Leben der Betroffenen die Ablösung vom stationären Rahmen zu unterstützen.

Einige Einrichtungen der stationären Therapie haben ihre «eigene» Nachsorge aufgebaut. Auch Selbsthilfegruppen sind in diesem Bereich aktiv und bieten cleanen Drogenabhängigen («Ex-Usern») Unterstützung an.

Es ist außerdem möglich, andere Einrichtungen und deren Angebote für eine Nachsorge zu nutzen. Ich möchte an dieser Stelle zwei Möglichkeiten erwähnen:

Ambulante Ganztagsbetreuung

Diese Einrichtungsform kombiniert den ambulanten Charakter mit einer ganztägigen Betreuung. Dies kann zum Beispiel für Menschen wichtig sein, die clean sind, über eigenen Wohnraum verfügen und gleichzeitig ein relativ enges Netz an Betreuung benötigen. Die Betreuung reicht vom gemeinsamen Frühstück über begleitende Gespräche bis hin zu Freizeitaktivitäten und Gruppensitzungen.

‹Betreutes Wohnen›

Es wurden vorne bereits einige Einrichtungen genannt, die der zunehmenden Wohnungsnot und Obdachlosigkeit entgegentreten und Unterkünfte oder Wohnraum anbieten. Dabei unterscheidet das Konzept, wie die «Eingangsbedingungen» und Aufnahmekriterien ausfallen und wie hoch der Betreuungsaufwand ist. Es ist ein Unterschied, ob man drauf sein kann oder clean sein muß, ob die Einrichtung speziell für Substituierte ist, ob es sich um Übernachtungen dreht oder ob man dort richtig wohnen kann, wie lange man dort wohnen kann, ob die Betreuung therapeutisch ausgerichtet ist oder eher begleitend, wie viele Freiheiten und eigene Verantwortungsbereiche man dort haben kann, ob es Einzelzimmer gibt oder nicht, ob es strenge Hausregeln zu beachten gibt oder nicht, ob Haustiere erlaubt sind oder nicht – usw.

Es muß mit dem Betroffenen genau besprochen werden, welche Form für ihn die richtige ist. Wenn der Betreffende clean ist, ist es nicht sinnvoll, in einer Übernachtungsstätte zu nächtigen, in der aktive Drogenkonsumenten schlafen. Andersherum wird ein Drogenabhängiger, der drauf ist, keine Möglichkeit haben, in eine «Clean-WG» zu ziehen. Entsprechend kommen für eine Nachsorge natürlich nur jene Einrichtungen des betreuten Wohnens in Frage, in denen ausschließlich drogenfreie Menschen leben und ein gewisser Betreuungsstandard gewährleistet ist.

Ambulante Therapie

Die ambulante Therapie bedeutet, daß der Drogenabhängige privat wohnt und lebt und von dort aus ein- bis mehrmalige therapeutische Gespräche in der Woche in einer Einrichtung wahrnimmt.

Es gibt erstens die ambulante Therapie für cleane, also abstinent lebende Drogenabhängige. Hier geht es – wie bei der stationären Cleantherapie – um das Erlernen und Stabilisieren einer drogenfreien Lebensweise mit allen Bereichen, die dazugehören. Die ambulante Therapie wird in einem ähnlichen Verfahren beantragt, wie es bei der stationären Therapie der Fall ist.

Zunächst muß sich der Betroffene in einer Einrichtung, die ambulante Therapie anbietet, um einen Platz bewerben. Er muß in der Regel Erstgespräche mit einem / einer Mitarbeiter / in führen, in denen alle weiteren Schritte besprochen werden können. Entweder direkt oder in einer anderen Beratungsstelle wird die Frage der Kostenübernahme für die ambulante Therapie geklärt (vergleiche dazu bitte die Schritte zur Organisierung eines stationären Therapieplatzes). Ist die Kostenübernahme geklärt und der Betreffende körperlich entgiftet, so kann die ambulante Therapie beginnen, sobald ein Platz frei ist.

Es gibt zweitens die medikamentengestützte ambulante Therapie, die im Rahmen der psychosozialen Betreuung von Substituierten stattfindet. Hier sind die Ziele – wie bei der Substitutionsbehandlung – die körperliche Genesung, die seelische Stabilisierung, die soziale Integration und ggf. der schrittweise Ausstieg aus der Abhängigkeit. Für die Aufnahme einer medikamentengestützten ambulanten Therapie ist die Klärung der medizinischen Seite der Substitutionsbehandlung wichtig (siehe bitte unter «Die Substitution»).

Die ambulante Therapie ist von vorne herein lebensnah strukturiert, und der oben beschriebene «Käseglocken-Effekt» kann nicht in dem Ausmaß auftreten wie bei der stationären Therapie. Denn der Klient lebt, bis auf die Kontakte mit dem Drogenberater oder der Therapeutin, in seiner gewohnten Umgebung und muß sich während der Therapie zum Beispiel mit Szenekontakten in seinem Alltag auseinandersetzen.

Allerdings setzt genau dieser Aspekt vom betreffenden Drogenabhängigen eine gewisse Grund-Stabilität voraus. Es sollte dem Drogenabhängigen also möglichst bewußt sein, was die ambulante Therapie an Unterstützung bieten kann – und was nicht.

5. Beratungsstellen

Drogenberatungsstellen sind für viele Junkies ihr erster Kontakt mit dem Drogenhilfesystem ihrer Stadt oder ihres Bundeslandes. Auch hier – wie könnte es anders sein – gibt es unterschiedliche Konzepte und Einrichtungsformen. Am folgenreichsten sind die Unterschiede bei der Gewichtung des niedrigschwelligen Anteils, bei eventuellen Schwerpunktsetzungen der Arbeit, bei den inhaltlichen Positionen zur akzeptierenden Drogenarbeit, bei den drogenpolitischen Hintergründen, den Finanzierungsformen und örtlichen Standpunkten der Einrichtungen.

Es gibt zudem Überschneidungen mit den Überlebenshilfen, denn viele Einrichtungen der Überlebenshilfe leisten Beratungsarbeit, und viele Beratungsstellen bieten Überlebenshilfen in unterschiedlichem Ausmaß an.

Zumeist arbeiten die Beratungsstellen «kostenlos und anonym». Das heißt, die Beratungsgespräche kosten den Betroffenen nichts, und die Drogenberaterinnen und Drogenberater stehen unter Schweigepflicht. Die Anonymität wird in dem Fall aufgehoben, in dem längerfristige Betreuungsverhältnisse als ‹ambulante Therapie› gekennzeichnet sind und über eine Einzelfallabrechnung extra finanziert werden. Im Zweifelsfalle wird Sie jede Beratungsstelle rechtzeitig darüber informieren und aufklären.

Um den Betrieb einer Beratungsstelle mit ihren vielfältigen Angeboten aufrechtzuerhalten und die Besucherinnen und Besucher zu schützen, gibt es eine Reihe von Standard-Regeln, die eingehalten werden müssen. Ganz oben steht das Verbot, Drogen zu konsumieren.

Auch dealen mit (verkaufen von) Drogen sowie Androhung und Anwendung von Gewalt ist verboten. Mit Verstößen gegen diese Hausregeln wird unterschiedlich umgegangen. Die Spanne reicht vom Abmahnen desjenigen bis zum Aussprechen eines befristeten oder generellen Hausverbotes.

Für das Profil einer Beratungsstelle ist auch ihr Standort wichtig. Wenn eine Einrichtung zum Beispiel in unmittelbarer Nähe des Hauptbahnhofes Ihrer Stadt liegt, so beeinflußt die Nähe zur offenen Szene über den Weg der vorgebrachten Bedürfnisse, der Fragen und der Anzahl der Besucherinnen und Besucher sicher die Angebotspalette dieser Einrichtung. Ebenso verhält es sich mit Einrichtungen, die fernab der geballten offenen Szene im Wohngebiet oder in ländlicher Gegend liegen. Dort wird es voraussichtlich etwas «familiärer» zugehen, was andere Formen von Angeboten ermöglichen kann.

Beratungsstellen sind oftmals Anlaufstellen für Schulklassen, Lehrerkollegien, Jugendgruppen aller Art und für andere Institutionen des sozialen Bereichs. Die Mitarbeiterinnen und Mitarbeiter der Drogenberatungsstelle informieren in ihrer Einrichtung oder vor Ort zum Beispiel in der Schule über Wirkungsweisen der Drogen, Risiken des Umgangs und diskutieren mit den Interessierten über alle Fragen zum Thema «Sucht und Abhängigkeit». Viele Beratungsstellen legen Wert auf gute Zusammenarbeit mit den anderen sozialen (Jugend-) Einrichtungen ihres Stadtteils oder Viertels, da dadurch der Bekanntheitsgrad der Einrichtung und damit ihr Wirkungsradius wachsen kann.

Beratungsstellen sind häufig Einzelprojekte eines größeren Trägervereins, der vielleicht mehrere Einrichtungen unterhält. Es gibt auch hier freie Träger, kirchliche Träger und staatliche Träger.

Konkrete Angebote der Beratungsstellen

In Beratungsstellen kann die/der Drogenabhängige:
● sich einfach aufhalten, wenn es ein Café oder einen ‹offenen Bereich› gibt, ohne ein Beratungsgespräch führen zu müssen. Man kann dort Leute treffen, Kontakte knüpfen, Kaffee trinken, je nach Möglichkeit Spiele spielen, malen usw.,
● Überlebenshilfen nutzen (Spritzentausch, medizinische Akutversorgung, Hilfe in Rechtsfragen, Duschen, Wäsche waschen, warm essen zum Selbstkostenpreis usw.). Dies hängt natürlich davon ab, welche Teile der Überlebenshilfen von der Beratungsstelle angeboten werden!
● Es gibt Angebote für Frauen (Frauengruppen, Öffnungszeiten für Frauen...) und für Eltern mit Kind (Spielecke, Gruppenangebote...).
● Es gibt Beratungsstellen *ausschließlich* für Frauen. Hier fühlen sich viele drogenabhängige Frauen wohl, die sich mit ihren Prostitutions- oder Beziehungserfahrungen auseinandersetzen und dabei «Männerpause» haben wollen.
● Weiter können Junkies in das Substitutionsprogramm vermittelt werden und als Substituierte psychosozial betreut werden.
● Man kann sich generell beraten lassen, in einem einmaligen Gespräch oder über einen längeren Zeitraum. Dabei kann es um alle konkreten Fragen rund um das Leben mit der Droge gehen (Wohnraum, Vermittlung in Übergangseinrichtungen, Probleme mit Justiz, sonstige soziale Fragen). In vielen Betreuungsverhältnissen geht es

aber auch um seelische Probleme und um das Schwanken zwischen Weitermachen und Aufhören. Oft begleiten die Beratungsstellen ihre Besucherinnen und Besucher über einen längeren Zeitraum ihrer Abhängigkeit (suchtbegleitend) und sind zur Stelle, wenn der Betroffene fragt: «Ich will aufhören, was kann ich dafür tun?»

● Beratungsstellen unterstützen bei der Vermittlung und Klärung der Kostenübernahme für stationäre und ambulante Therapie. In den Beratungsstellen gibt es von vielen Therapieeinrichtungen in der Bundesrepublik Prospekte und Unterlagen, so daß sich die Betroffenen genau informieren können. Die Drogenberaterinnen und Drogenberater kennen sich aus und unterstützen bei der Frage, was für den einzelnen der passende Weg zum Ausstieg sein kann.

● Natürlich unterstützen Drogenberatungsstellen auch bei der Organisierung eines Entgiftungsplatzes.

● Drogenberatungsstellen beraten Betroffene und Angehörige von Drogenabhängigen (Eltern, Freundinnen und Freunde, Partnerinnen und Partner, Lehrerinnen und Lehrer usw.) oder arbeiten mit Elternkreisen der Stadt zusammen.

● Es gibt Einrichtungen, die sich den Kindern drogenabhängiger Eltern widmen. Hier werden besondere Angebote für die Kinder bereitgehalten, können Erziehungshilfen geleistet und somit auch die Eltern unterstützt werden.

● Es gibt Beratungsstellen, die ihren Schwerpunkt in der Beratung ausländischer Drogenkonsumenten und deren Angehöriger haben und mit entsprechendem Personal eventuelle sprachliche Probleme überwinden können.

Das Modell der integrierten Drogen- und Suchtberatungsstellen

Seit einigen Jahren gibt es in der Landschaft der Drogenhilfe die integrierten Drogen- und Suchtberatungsstellen. Mit diesem etwas umständlichen Namen soll verdeutlicht werden, daß die Einrichtung Anlaufstelle für Menschen mit Abhängigkeitsproblemen *unterschiedlicher* Art ist (stoffgebundene und stoffungebundene Suchtformen). Also treffen sich dort Menschen mit Alkoholproblemen, Junkies, Glücksspielabhängige, Medikamentenabhängige und auch Personen mit Eßstörungen. Die Angebote, die diese Menschen vorfinden, summieren sich aus der obigen Aufzählung. Der Unterschied ist, daß eben auch Vermittlungen zum Beispiel in stationäre Alkoholtherapien stattfinden oder zum Beispiel eine eßgestörte Frau beraten werden kann, welche Therapiemöglichkeiten es für sie gibt. Inwieweit sich die integrierte Beratungsstelle Schwerpunkte auf die eine oder die andere Gruppe setzt, ist unterschiedlich. In der Regel muß man sich einen Schwerpunkt setzen, um sich in der Arbeit nicht zu verzetteln.

Dieses integrierte Modell berücksichtigt zum einen, daß es viele Personen gibt, die in einer Mischform abhängig sind. Viele Junkies haben Alkohol- oder Spielprobleme, einige drogenabhängige Frauen haben zugleich Eßstörungen und so fort. Zum anderen kann eine integrierte Beratungsstelle im Wohngebiet eine allgemeine Anlaufstelle sein, die sich mit anderen spezialisierten Einrichtungen sinnvoll ergänzen kann.

Allerdings gab und gibt es – dies nur am Rande – bewegte Auseinandersetzungen um die Frage, ob das überhaupt funktionieren könne, ob die verschiedenen Abhängigkeitsformen gleich wären und die Gründe für die Süchte dieselben. Es gibt zudem die Befürchtung, daß sich die verschiedenen Gruppen von abhängigen Menschen mit ihrer jeweiligen Problematik gegenseitig «stören» oder vorurteilsvoll begegnen würden.

Ob die Gründe für die verschiedenen Suchtformen identisch sind, ist wissenschaftlich bisher unbeantwortet. Sicher gibt es Überschneidungen, und sicher gibt es Unterschiede in den Lebensweisen, was ja bereits die Trennungslinie in «illegal» und «legal» mit sich bringt.

Unbeachtet dieser Fragen funktioniert meiner Ansicht nach das integrierte Modell im Rahmen einer *Beratungsstelle* gut. Denn die Vorurteile der einzelnen Gruppen untereinander sind nicht anders als die der durchschnittlichen Bevölkerung. Natürlich spiegelt sich unter den abhängigen Menschen mehr oder weniger genau jene Haltung wider, die wir (leider) gesamtgesellschaftlich vorfinden: Um sich selbst zu erhöhen, wird schon mal auf andere herabgeblickt – wie überall. Abhängigkeit schafft nicht automatisch Solidarität, kann aber doch zu der Einsicht führen, daß andere Abhängige nicht besser oder schlechter sind als man selbst.

Es sei hier nur kurz erwähnt, daß die Gründung von integrierten Drogen- und Suchtberatungsstellen nicht von seiten der Politik dazu benutzt werden darf, im Bereich der spezialisierten Hilfseinrichtungen Gelder einzusparen!

6. Wie ist Veränderung denkbar?

«Kleine Brötchen backen»…

Als Angehörige/r eines drogenabhängigen Menschen wünscht man sich nichts sehnlicher als das Ende von dessen Drogenabhängigkeit. Sie wünschen sich, Ihr drogenabhängiger Freund, Ihr Bruder oder Ihre Tochter solle endlich damit aufhören, sich selbst und andere zu zerstören und zu belasten. Dieser Wunsch ist sehr verständlich, gleichzeitig aber oft zum Scheitern verurteilt, weil er unrealistisch ist.

Wir machen in den Gesprächen mit den Angehörigen immer wieder die Erfahrung, daß es erst einmal darum geht, die Situation zu begreifen und zu verstehen, daß der Angehörige nun drogenabhängig ist. Das bedeutet, sich auf eine längere Zeit seiner Abhängigkeit einzustellen, denn dieser Zustand läßt sich nicht einfach abstellen oder heilen wie ein Beinbruch. Drogenabhängigkeit kann eine Form sein, zu leben – wenn auch unter den gegenwärtigen gesellschaftlichen Bedingungen eine sehr problematische.

Dazu kommt die Frage, ob der Betroffene selbst mit dem Drogenkonsum überhaupt aufhören will. Wie bei der Entscheidung zu einer stationären Therapie als ein Weg zum Ausstieg, so ist es generell der zentrale Punkt, ob der Drogenabhängige zu einer Veränderung motiviert ist.

Sich für den Prozeß des Ausstiegs aus der Abhängigkeit zu entscheiden, erfordert vom Betreffenden für lange Zeit viel Kraft. Diese ihrerseits kann nur erbracht werden, wenn der Entscheid zum Ausstieg tief verankert ist und etwas da ist, *WOFÜR* es sich lohnt, diesen Weg zu gehen.

Die Befreiung von Drogenabhängigkeit hat mit einer Art ‹Selbstveränderung› zu tun und muß gleichzeitig viele Hindernisse von außen (Wohnungsnot, Arbeitslosigkeit, allgemeines gesellschaftliches Klima, Kriminalisierung der Drogenabhängigen, Diskriminierung der Ex-Drogenabhängigen...) überwinden. Selbstveränderung ist eine schwere Aufgabe – was bei nicht drogenabhängigen Menschen im übrigen genauso der Fall ist.

Wenn Sie also den Wunsch haben, ihre drogenabhängige Angehörige solle doch sofort damit aufhören, dann müssen Sie wahrscheinlich viele Enttäuschungen verkraften – oder Sie backen lieber «kleine Brötchen»:

Wäre es nicht schon ein Fortschritt, wenn zum Beispiel ihre drogenabhängige Tochter zumindest saubere Spritzen benutzt und zum Tausch regelmäßig eine Einrichtung aufsucht?

Drogenabhängigkeit ist ein Prozeß, ebenso wie der Ausstieg. Die Rückfälle gehören dazu

Drogenabhängigkeit beinhaltet nicht automatisch den Wunsch oder das Ziel, auszusteigen. Auch wenn viele sagen, «...klar, ich will damit aufhören», heißt das nicht unbedingt, daß eine dauerhafte innere Entscheidung vorliegt. Drei Aspekte sind wichtig:

1. Drogenabhängigkeit kann – wie bereits erwähnt – eine selbst gewählte Form der Lebensbewältigung sein.

Sie ist hier und heute sehr problematisch, aber für viele erscheint das Leben nur mit «Hilfe» der Drogen aushaltbar. Manchmal ist die Drogeneinnahme auch als ein Versuch zu verstehen, mit großen, zugrundeliegenden Problemen fertig zu werden, die im Falle eines Ausstiegs entsprechend an die Oberfläche dringen würden.

2. Die Motivation zum Ausstieg ist wie ein zartes Pflänzchen. Das heißt, sie ist vergänglich, muß gepflegt werden, kann eingehen und wieder aufblühen. Zum Wesen der Abhängigkeit gehört, daß man schwankt – zwischen Weitermachen und Aufhören. Nach meinen praktischen Erfahrungen beschreiben es die Junkies oft mit den Worten: «Zwei Welten stecken in mir und toben sich aus. Mal ist die eine stärker und sagt: ‹Hör auf!› Mal ist die andere stärker und sagt: ‹Mach weiter!›» Wer kennt das nicht in abgeschwächter Form, wenn es ums Aufhören beim Rauchen geht?

3. Nicht nur die Drogenabhängigkeit, sondern auch der Ausstieg ist als ein Prozeß zu verstehen.

Der Ausstieg verläuft bei jedem Menschen unterschiedlich, bedeutet für jeden Menschen etwas anderes, kann unterschiedliche Wege nehmen und dauert unterschiedlich lange. Manchmal führt ein Ausstieg über Jahre und beschreibt eine vielschichtige Entwicklung des Drogenabhängigen. Rückfälle, einmalige kurze oder lange Phasen, gehören bei vielen dazu.

Um Rückfälle wird auch in fachlichen Kreisen zunehmend diskutiert, wie bereits bei den kritischen Gedanken zur stationären Cleantherapie erwähnt wurde. Dabei geht der Trend in die Richtung, im Rückfall eine Chance zu sehen, etwas für sich zu lernen, sich besser kennenzulernen und für die Zukunft ein Stück zu wachsen. Insofern vermittelt das Wort «Rück-Fall» zu viel Negatives, denn man kann durch einen Rückfall auch ein Stück nach «vorne fallen».

In vielen Einrichtungen im Drogenhilfesystem wird bereits mit Rückfällen gearbeitet, was heißt, das mit dem Betreffenden über die kritischen Situationen geredet wird.

Voraussetzungen für den Entscheid zum Ausstieg

Vorbehaltlich der Tatsache, daß jeder Mensch anders ist, möchte ich doch einige Bereiche nennen, die ich als wichtige Voraussetzungen für Veränderung verallgemeinern kann:

1. Die «Leidensdruck»-Theorie behauptet, man müsse erst ganz unten angelangt sein, damit der Leidensdruck groß genug ist, um die Motivation für den Ausstieg zu entwickeln. Ich habe zu Beginn meines Beitrages bereits ausgeführt, daß ich dem nicht zustimme.

Es ist aber in der Tat so, daß zum Beispiel eine Drogenabhängige individuell an einem Punkt angelangt sein muß, an dem sie endgültig sagen will: «So, jetzt reicht's! Jetzt mache ich mich auf den Weg und versuche den Ausstieg.»

Nur – dazu muß die drogenabhängige Frau nicht «in der Gosse» gelandet sein! Dieser entscheidende Punkt liegt bei jedem Menschen woanders und hängt von seinen Erlebnissen und deren individueller Bedeutung und Bewertung ab.

2. Zu einer Motivation für den Ausstieg gehören persönliche Ziele und Perspektiven. Das oben genannte «*WOFÜR?*» muß von der Drogenabhängigen beantwortet werden können. Eine Vorstellung dessen, wie das Leben ohne Drogen aussehen könnte, muß fühlbar sein und als wirklich erreichbar eingeschätzt werden. Das ist wichtig, weil es zu einfach ist, sich den Ausstieg wie einen Kipp-Schalter vorzustellen. «Ich höre mit den Drogen auf, dann fängt ein neues Leben an, und alles wird ganz anders!»

Der Weg läuft eher andersrum: Den Drogenkonsum zu beenden ist das eine. So zu leben, daß ich nicht wieder mit dem Drogenkonsum beginne, ist das andere – und Schwerere. Dazu gehören Ideen und Vorstellungen, was ich an mir und meinem Leben verändern möchte.

3. Die Ziele und Vorstellungen berühren natürlich in hohem Maße gesellschaftlich-soziale Themen wie Arbeit, finanzielle Absicherung und Wohnraum. Angesichts der Arbeitsmarktpolitik, der immensen Arbeitslosenquote und der Wohnungspolitik unseres Landes eröffnen sich in diesen Bereichen oft nur düstere Perspektiven für den Drogenabhängigen. Die Tatsache, daß zum Beispiel nach einer stationären Drogentherapie auf einen vor Therapiebeginn Obdachlosen wiederum die Obdachlosigkeit wartet, ist wenig ermutigend. Und was ist mit der Ex-Drogenabhängigen, die mit Hauptschulabschluß, einer abgebrochenen Lehre und hohem Schuldenberg sehr schwierige Bedingungen für eine Integration in den Arbeitsmarkt vorfindet? Wie kann man ihr glaubhaft vermitteln, daß es sich dennoch lohnt, die Zukunft drogenfrei zu erleben? In Beratungsgesprächen sind dies oft komplizierte Situationen, weil die Drogenberaterinnen und Drogenberater im kleinen mit den großen gesellschaftlichen Zuständen konfrontiert sind und sozialpolitische Defizite abpuffern müssen.

Gedanken zum Schluß

Trotz dieser Schwierigkeiten ist eine Veränderung möglich. Die Veränderung kann zum bewußten und damit risikoärmeren Drogenkonsum bis hin zum Ausstieg aus der Abhängigkeit führen. Dabei ist für viele Drogenabhängige die Vielfalt der Drogenhilfe sehr wichtig. Aber diese Angebote können immer nur das eigene, persönliche Hilfspotential mobilisieren und «wachrütteln». Dabei kann ebenso die von den Drogenabhängigen und Substituierten organisierte Selbsthilfe hilfreich sein. Es gibt auch Menschen, die sich ohne diese Angebote von ihrer Abhängigkeit befreien («Selbstheiler»). Und es gibt Theorien darüber, daß ältere Junkies, so sie denn die lange Zeit ihrer Abhängigkeit überleben konnten, in einem bestimmten Alter aus der Abhängigkeit «herauswachsen».

Die Droge macht die Menschen also nicht gleich. Der Weg zum Ausstieg ist immer eine individuelle Entwicklung. Ob Hilfen von außen dafür angenommen werden, hängt davon ab, inwieweit sie für die Betroffenen vertrauenserweckend sind und ob sie dort weiterhelfen, wo es gewollt ist.

Anne Schumacher

Illegaler Drogenkonsum aus medizinischer Sicht

Täglich erscheinen neue Meldungen in der Presse über Drogentote, wird «Insiderwissen» über illegale Drogen verbreitet. Manche Autorinnen und Autoren geizen nicht mit konkreten Handlungsanweisungen, die nur von Spuren medizinischer Sachkenntnis getrübt sind. Die Fachliteratur unterschiedlicher Qualität und ideologischer Ausrichtung ist für medizinische Laien kaum verständlich und schwer einschätzbar. Als im Drogenbereich tätige Ärztin werde ich versuchen, auf dem Hintergrund meiner praktischen Erfahrung mit Konsumentinnen und Konsumenten illegaler Drogen einen möglichst realistischen Eindruck von den Genüssen und Gefahren des Drogenkonsums zu vermitteln, ohne in unverständliches Fachchinesisch zu verfallen. Im Gegensatz zu vielen meiner Kolleginnen und Kollegen vertrete ich einen akzeptierenden Ansatz in der Drogenarbeit, der sich in der täglichen Konfrontation mit den gesundheitlichen Auswirkungen des illegalen Drogenkonsums entwickelt hat. Dieser Ansatz wird im folgenden Abschnitt kurz am Beispiel Heroin aus medizinischer Sicht dargestellt. Im 2. Teil werden die gängigsten Drogen mit ihrer Geschichte, ihren Genüssen und Gefahren in der Form eines kompakten Nachschlagewerkes beschrieben. Der 3. Teil erläutert die Möglichkeiten und Grenzen der medizinischen Behandlung Drogenabhängiger.

Woran sterben Heroinabhängige eigentlich?

In der BRD wird zwischen legalen Drogen und illegalen Drogen unterschieden. Aus medizinischer Sicht bezieht sich diese Differenzierung ganz offensichtlich nicht auf das gesundheitsgefährdende Potential der einzelnen Drogen. Am Beispiel des Heroins wird besonders deutlich, wie stark die Einschätzung der Gesundheitsgefährdung von Drogen in der Laienöffentlichkeit von Mythen geprägt ist.

Wenn reine Opiate, zu denen auch Heroin gehört, unter hygienischen Bedingungen dosisangepaßt konsumiert werden, d. h. die Dosis individuell so angepaßt wird, daß es nicht zu einer Überdosierung kommt, entstehen auch bei Langzeitanwendung keine nennenswerten akuten oder chronischen körperlichen Schäden (weder im Tier- noch im Menschenversuch). Es kommt lediglich zu einer harmlosen Pupillenverengung und einer Tendenz zur Verstopfung. Eben diese Tatsache unterscheidet die Opiate grundsätzlich von den legalen und gesellschaftlich integrierten Drogen Alkohol und Tabak, die nachweislich zu dosisabhängigen und organspezifischen Gesundheitsschäden führen (s. a. den Abschnitt über Heroin).

Mit dieser Gegenüberstellung will ich weder den Genuß legaler Drogen verteufeln noch die möglichen Auswirkungen eines süchtigen Heroinkonsums verharmlosen, indem ich die psychosozialen Folgen einer Abhängigkeitsentwicklung und das Suchtpotential von Heroin unterschlage. Es bleibt festzuhalten, daß Sucht in erster Linie kein stoffliches Problem ist. (Siehe dazu auch den Artikel von Hermann Schlömer.) Jede Droge – Heroin genauso wie Alkohol und Tabak – kann zum Genuß konsumiert oder süchtig mißbraucht werden.

Süchtiger Heroinkonsum alleine kann die schweren Gesundheitsschäden, die in der heutigen illegalen Drogenszene zu beobachten sind, nicht erklären. Bis Anfang des 20. Jahrhunderts konnte zum Beispiel Morphium in Deutschland legal konsumiert werden. Überwiegend Künstler, Intellektuelle und Akademiker, die leichten Zugang zu Morphium hatten, benutzten es als Rauschdroge und konnten damit alt werden.

Die schweren Gesundheitsschäden der heutigen Heroinkonsumentinnen und -konsumenten stehen in ursächlichem Zusammenhang mit der Illegalität des Heroins.

Ein illegaler Markt braucht viele Zwischenhändler, die wiederum – zur Erhöhung der Gewinnspanne – das Heroin mit den unterschiedlichsten Substanzen strecken, vom an sich harmlosen Milchzucker, der aber bakteriell verunreinigt sein kann, bis zum giftigen Strychnin (Rattengift). Als Folge davon können schwere Abszesse, Venenentzündungen, schnelles Veröden der Venen und allergische Allgemeinreaktionen auftreten.

Der schwankende Reinheitsgrad des Straßenheroins führt immer wieder zu versehentlichen Überdosierungen mit tödlichem Ausgang und zum Konsum zusätzlicher Drogen, um trotz des geringen Heroingehaltes noch einen «Kick» zu bekommen. Durch den Mischkonsum wiederum erhöht sich das Risiko von Überdosierungen, komplizierter und langwieriger Entzüge und direkter körperlicher Schäden.

Ein zusätzlicher Risikofaktor sind die häufig zwangsläufig katastrophalen Bedingungen, unter denen Heroin gespritzt wird:

unsaubere Utensilien zum Spritzen, kein sauberes Wasser zum Auflösen des Heroins (zum Beispiel Wasser aus der Toilettenschüssel), schlechte Lichtverhältnisse, fehlende Ruhe aus Angst vor Entdeckung, mangelndes Wissen über Injektionstechniken (zum Beispiel Spritzen in die Muskulatur, um die «Venen zu schonen»), Spritzen bei beginnendem Entzug (Zittern, Unruhe, Schweißausbrüche), fehlende Prüfung der Qualität der Droge (es wird alles auf einmal gespritzt, statt Teilstrich für Teilstrich, was eine Überdosis vermeiden hilft). Der Streß verführt zu riskanten Injektionstechniken (Muskel, Hals, Leiste), versehentliches Spritzen in Arterien, neben die Venen oder in zu kleine Venen.

Die Folgen sind u. a. vermehrt gefährliche Abszesse, Thrombosen (bis hin zur Amputation von Gliedmaßen), Lungenentzündungen, Herzentzündungen, massive Verbreitung von Hepatitisinfektionen (häufig mit chronischem Verlauf), Verbreitung der HIV-Infektion. Die mit der Illegalität verbundene Repression führt zu einem enormen Beschaffungsstreß, der wenig Raum läßt, sich um Grundbedürfnisse wie Wohnung, Essen und Körperpflege zu kümmern.

In Tateinheit mit den Folgen des verunreinigten Straßenheroins kommt es zu einer Schwächung des Abwehrsystems. Mangelnde Hygiene und schlechte bzw. Unterernährung, Prostitution und Gefängnisaufenthalte verstärken diesen Kreislauf. Viele haben typische Mangelkrankheiten, die sonst überwiegend aus armen Ländern bekannt sind, wie zum Beispiel Hepatitis A und Tuberkulose. Banale Infektionen breiten sich in einem Maße aus, in dem es sonst nur bei Patientinnen und Patienten zu beobachten ist, die durch eine schwere Grundkrankheit abwehrgeschwächt sind. Darüber hinaus ist der Befall mit Parasiten, zum Beispiel Läuse und Krätze, unter obdachlosen und inhaftierten Fixerinnen und Fixern sehr verbreitet.

Die Stigmatisierung von Heroin als illegale Droge macht die Konsumentinnen und Konsumenten zusätzlich zu Außenseiterinnen und Außenseitern dieser Gesellschaft. Als Fixerin und Fixer zu leben, kann auch ein selbstgewählter Lebensstil sein – ob für immer oder für ein paar Jahre – unabhängig davon, wie man diesen als Außenstehende bewertet.

Die Stigmatisierung und Moralisierung hat außerdem über viele Jahre eine sachliche Diskussion und damit auch ein adäquates Hilfsangebot für Drogenabhängige verhindert. In der Folge sind viele Mythen über Heroin entstanden (der 1. Schuß macht süchtig, Heroin ist eine tödliche Droge, Schulkinder werden «angefixt» ...).

Wie ist der Stand des Drogenhilfesystems aus medizinischer Sicht heute zu beurteilen? Die repressive Drogenpolitik, die überwiegend durch Kriminalisierung und Strafverfolgung gekennzeichnet ist, ist gescheitert. Es gibt mehr Drogenabhängige denn je. Die Verelendung auf sozialer, psychischer und körperlicher Ebene hat zugenommen. Entzugs- und Therapieplätze stehen nicht in ausreichendem Maße zur Verfügung. Die rein medizinische Versorgung, v. a. der stark verelendeten Fixerinnen und Fixer, ist in der BRD katastrophal.

Die Methadonprogramme sind ein großer Fortschritt in der medizinischen Therapie der Drogenabhängigen, aber es gibt viel zu wenig Plätze. Außerdem werden viele, vor allem der stark verelendeten Fixerinnen und Fixer, nicht erreicht, weil für sie die Zugangsbedingungen zu schwierig sind, sie die Rahmenbedingungen als entmündigend empfinden oder weil sie nicht auf den «Kick» verzichten wollen oder können. Letztere brechen entweder ab oder konsumieren dauerhaft zusätzlich andere Drogen (legale und illegale) mit allen gesundheitlichen Konsequenzen.

Alle Statistiken bezüglich der Langzeiterfolge des Drogenhilfesystems sind entmutigend, wenn als Erfolg nur die dauerhafte Abstinenz von Drogen gewertet wird. Betrachtet man dagegen Entkriminalisierung, Wahrung der Menschenwürde, Gesundheit und Überleben als Erfolg, werden Notwendigkeit, Sinn, Erfolge und Mängel des Drogenhilfesystems deutlich. Es gibt so viele Ursachen für Drogenabhängigkeit, wie es Drogenabhängige gibt, und dementsprechend gibt es auch nicht *die* Drogentherapie. Das Angebot muß breit gefächert sein und sich an den Bedürfnissen und Möglichkeiten der Konsumentinnen und Konsumenten orientieren.

Um es noch einmal zusammenzufassen, Heroinabhängige sterben an den Folgen der Illegalität und nicht an den Folgen des Heroins. Das heutige Drogenhilfesystem weist viele Mängel und Lücken auf. Als Konsequenz aus dem bisher geschilderten Elend trete ich für die Legalisierung von Drogen ein, unter Beibehaltung und Erweiterung (zum Beispiel «niedrigschwellige» Methadonvergabe, Fixerräume) des bisherigen Therapieangebotes.

Als erste Stufe einer Legalisierung erscheint mir eine medizinisch kontrollierte Abgabe sinnvoll. Eine ausschließliche Abgabe an «Schwerstabhängige» (wer auch immer damit gemeint ist), wie sie zum Teil vorgeschlagen wird, lehne ich allerdings ab. Es ist zynisch, Drogenabhängigen erst dann zu helfen, wenn sie sich so weit in die Spirale von Kriminalisierung und Verelendung hereingedreht haben, daß bereits chronische Schäden eingetreten sind.

In Großbritannien beispielsweise wird eine kontrollierte Heroinabgabe in einigen Kliniken bereits erfolgreich praktiziert. Beschaffungskriminalität und die Anzahl der Neuinfektionen mit dem HI-Virus gingen drastisch zurück. Die Patientinnen haben sich gesundheitlich und psychosozial stabilisiert. Die Kosten der Behandlung sind relativ gering.

Aufrechterhaltung der Illegalität von Heroin ist weder mit meiner medizinischen Ethik vereinbar noch mit meinem Verständnis von Menschenwürde. Es hat nie eine drogenfreie Gesellschaft gegeben, und es wird sie auch in Zukunft nicht geben. Sich in einen Rauschzustand zu versetzen, ist an sich kein verwerfliches Bedürfnis, sondern verschafft Genuß. Es ist nicht vertretbar, Menschen in die Verelendung und den Tod zu treiben, weil sie eine Vorliebe für eine gesellschaftlich nicht akzeptierte Droge haben, und gleichzeitig auf ein Plakat zu schauen, auf dem Freiheit und Abenteuer durch den Genuß von Zigaretten vorgegaukelt wird.

Genüsse und Gefahren
der am häufigsten konsumierten Drogen

Heroin

Heroin wird exemplarisch in bezug auf Entzugssymptome und Überdosis ausführlicher abgehandelt, um das Verständnis zu erleichtern. Darüber hinaus finden Sie in diesem Teil noch jeweils einen Abschnitt zu den Gefahren des Mischkonsums und zu Drogennotfällen.

Herstellung und Geschichte des Heroins

Natürliche Grundsubstanz des Heroins ist Opium. Es wird aus dem eingetrockneten Saft der unreifen Kapsel des Schlafmohns gewonnen. Aus dem sogenannten Rohopium wird Morphin isoliert, eine Substanz die auch heute noch von der Schulmedizin zur Bekämpfung starker Schmerzzustände verwendet wird, zum Beispiel bei Krebspatientinnen und -patienten. Durch eine einfache chemische Reaktion kann dann aus dem Morphin Heroin hergestellt werden. Das geruchlose, weiße, kristalline Pulver mit leicht bitterem Geschmack ist etwa zwei- bis zehnmal stärker in seiner Wirkung als Morphin.

Opium hat eine lange Tradition als Rauschmittel und als Medizin gegen die unterschiedlichsten Beschwerden. Es war schon den Sumerern 4000 v. Chr. bekannt. Etwa seit dem 12. Jahrhundert ist Opium in Europa verbreitet und galt bis zum 18. Jahrhundert in den unterschiedlichsten Mixturen als das Allheilmittel schlechthin, dem wahre Wunderkräfte zugesprochen wurden.

Morphin wurde das erste Mal 1804 von einem Apotheker in Paderborn isoliert, er wies seine schlaffördernde Wirkung nach. Zunächst fand seine Entdeckung wenig Beachtung, erst 1827 begann die Firma E. Merck und Co. mit der Morphinproduktion. Mit der Entwicklung der Spritze für medizinische Zwecke um 1850 fand es große Verbreitung unter den praktischen Ärzten als Medizin gegen vielfältige Beschwerden.

Zu dieser Zeit wurde eine Flut an freiverkäuflichen Arzneimitteln hergestellt, deren «Wirksamkeit» hauptsächlich auf ihren Anteil an Morphin, Heroin oder Kokain zurückzuführen war. In Australien verkauften Süßwarenläden sogenannte Chlorodyne-Bonbons, die Morphin enthielten, an Kinder als ganz normale Süßigkeiten.

Erst der breite Einsatz von Morphin in Kriegen Ende des 19. Jahrhunderts als Schmerzmittel bei Verletzungen brachte eine Wende. Man hatte den Verletzten das Morphin nach Bedarf zur Selbstinjektion überlassen und mußte feststellen, daß die meisten auch nach der Heilung noch weiter danach verlangten. In den USA wurde die Opiatsucht deshalb noch lange Zeit als «army disease» (Armeekrankheit) bezeichnet. Die abhängig machende Wirkung der Opiate war entdeckt. Seitdem versuchen Forscher, dem Morphin ähnliche Substanzen zu entwickeln, die nicht süchtig machen, aber die gleiche schmerzstillende Wirkung haben.

Unter anderem stellte ein englischer Forscher 1874 erstmals Heroin her, das 1898 von der Firma Bayer als freiverkäufliches Hustenmittel, auch für Kinder, auf den Markt gebracht wurde. Man war der Meinung, es mache nicht süchtig, und setzte es deshalb sogar als Ersatzmittel für Morphium ein, um Abhängige zu «heilen». 1925 konnte endlich die Struktur des Morphins aufgeschlüsselt werden, die Suche nach Arzneien ohne Suchtpotential ging weiter. In den vierziger Jahren entwickelte Hoechst unter anderem das Schmerzmittel Polamidon, das heute als Ersatzdroge für Heroin eingesetzt wird. Parallel entstand eine Vielzahl morphinähnlicher Substanzen (ca. 4000), die als Schmerz, Husten- und Asthmamittel eingesetzt wurden.

Heute sind diese Medikamente alle verschreibungspflichtig, einige davon können nur nach den strengen Richtlinien des Betäubungsmittelgesetzes (BtmG) abgegeben werden. Einige, wie Heroin, dürfen überhaupt nicht verschrieben werden. In der BRD ist Heroin nur als illegale Droge erhältlich, d. h. als «Straßenheroin», das mit vielen Substanzen gestreckt ist und seit Ende der sechziger Jahre als Rauschdroge zunehmend beliebter wurde.

Wie wird Heroin konsumiert?

Die häufigste Konsumart ist die intravenöse Injektion (i. v.-Injektion), das Spritzen in eine Vene. Dazu wird das Heroinpulver in einen Löffel geschüttet (falls vorhanden, sonst auch Teile von Dosen o. ä.), mit Wasser und Ascorbinsäure (Vitamin C-Pulver) oder Zitronensaft (um das Heroin besser löslich zu machen) gemischt und mit Hilfe eines Feuerzeugs oder einer Kerze zusammen «aufgekocht» (erhitzt), um eine möglichst gleichmäßige Lösung zu erhalten. Da wegen der Verunreinigungen häufig trotzdem Klümpchen verbleiben, wird die Lösung anschließend durch einen Filter (Zigarettenfilter, Watte o. ä.) in die Spritze aufgezogen. Am häufigsten werden Einmalinsulinspritzen («Insus») benutzt. Viele lecken die Kanüle vor der Injektion ab, weil sie sie damit reinigen wollen (stimmt leider nicht) oder weil sie die brennende Säure ablecken wollen. Anschließend wird eine geeignete Vene gesucht, die dann mit Hilfe eines Stauschlauches (meistens Gürtel, Bindfaden o. ä.) oder auch durch Abdrücken mit den Fingern gestaut wird und somit praller und sichtbarer wird. Anfangs wird meist in die Arme «gedrückt», später dann auch in die Beine, die Füße, die Leiste, den Hals, sogar unter die Zunge oder in den Penis.

Viele dieser Injektionsstellen sind sehr gefährlich (v. a. Hals und Leiste).

Wenn keine geeigneten Venen mehr gefunden werden, wird auch in die Muskulatur «gedrückt» (i. m.). Eine ebenfalls sehr gesundheitsschädliche Konsumform, durch die häufig große Abszesse entstehen, bei denen Muskulatur mit abstirbt und die oft operiert werden müssen.

Viele Einsteigerinnen und Einsteiger rauchen als erstes «Blech». Dafür wird das flüssig gemachte Heroin auf ein Stück Aluminiumfolie geträufelt und mit Hilfe einer Papierrolle inhaliert. Da im Verhältnis zum i. v.-Konsum mehr Heroin gebraucht wird, um einen vergleichbaren Effekt zu erzielen, steigen viele aus Geldmangel irgendwann aufs «drücken» um.

Intravenös verabreichte Drogen erreichen das Gehirn schneller und in größerer Konzentration als in den Muskel oder unter die Haut gespritzte, gerauchte, geschluckte oder durch die Nase aufgezogene Drogen. Dieser Vorteil wird allerdings durch einen schnelleren Abfall der Drogenkonzentration erkauft. Der gefürchtete «Affe» (Entzugserscheinungen) tritt schneller ein, der nächste «Druck» muß her.

Zur Beschaffenheit des Straßenheroins

Als illegale Droge wird Heroin über ein weit verzweigtes Netz von Händlern in die BRD geschmuggelt und dort über weitere Zwischenhändler an die süchtigen Konsumentinnen und Konsumenten verkauft. Dieser Zwischenhandel hat weitreichende Konsequenzen. Um die Gewinnspanne zu erhöhen, wird das Heroin mit vielen verschiedenen Substanzen gestreckt, die billiger sind oder legal und damit einfacher zu beschaffen. Je mehr Zwischenhändler, desto geringer in der Regel der Heroingehalt. Der Heroingehalt auf der Straße liegt in Hamburg heutzutage etwa zwischen 5 und 40 Prozent. Da die Konsumentinnen und Konsumenten den jeweiligen Heroingehalt nicht kennen und auch nicht überprüfen können, ist die Gefahr einer versehentlichen Überdosierung sehr groß. Die überwiegende Anzahl der Todesfälle in der Drogenszene ist wahrscheinlich darauf zurückzuführen.

Eine weitere Gefahr des Straßenheroins liegt in den Streckmitteln selber, die von harmlosen bis zu sehr schädlichen Substanzen reichen.

Einige Beispiele:

Harmlose Streckmittel sind zum Beispiel Milchzucker und Vitamin C.

Talkumpuder dagegen, entweder pur oder aus beigemischten Schlaftabletten, kann durch Fremdkörperwirkung zu gefährlichen Venenentzündungen führen.

Waschmittel kann allergische Reaktionen, bis hin zum allergischen Schock mit Todesfolge hervorrufen.

Substanzen wie Koffein, Betäubungsmittel, Kokain, Amphetamine oder Schlafmittel haben selber eine Wirkung auf die Psyche. Damit machen sie die Wirkung des Heroins schlechter kalkulierbar und leisten gefährlichem Mischkonsum Vorschub.

Strychnin (Rattengift) ist hochgiftig und führt schon bei kleinen Dosen in kürzester Zeit zum Tod. Es wird beigemischt, da es selber einen «Kick» macht und somit qualitativ besseres Heroin vortäuscht.

Andere Beimischungen sind ungewollt. Eine Lieferung Heroin wurde in einem Dieseltank geschmuggelt. Das Heroin war mit dem Diesel verunreinigt. Als Folge war eine Häufung schwerer Abszesse mit Nekrosen (absterbendes Fleisch) zu beobachten, die sehr schlecht heilten und große Narben hinterließen.

Eine häufige Reaktion auf Streckmittel ist der «Shake», eine Art allergische Reaktion, die meistens 20–30 Minuten nach dem letzten «Druck» einsetzt. Der Shake reicht von relativ harmlosem Hautjukken bis zu über Zitteranfällen und Schwellungen.

Die schlechte Qualität des Straßenheroins verursacht nicht nur durch die Streckmittel und die schwankende Dosierung zusätzliche gesundheitliche Risiken. Die meisten Heroinkonsumentinnen und Heroinkonsumenten nehmen mehrere Drogen gleichzeitig ein (sind polytoxikoman), um trotz des geringen Heroingehaltes überhaupt noch einen «Kick» zu bekommen. Dieser Mischkonsum birgt viele gesundheitliche Risiken sowohl im Konsum als auch im Entzug. Siehe dazu auch das Kapitel über Mischkonsum.

Wirkungsweise der Opiate aus Sicht
der Drogenkonsumentinnen und Drogenkonsumenten

Heroin macht ein Gefühl der Glückseligkeit, der Entspannung, Schmerzen lassen nach, ein Wärmegefühl durchströmt den Körper, Gefühle der Einsamkeit, des Ausgestoßenseins verschwinden, ein Gefühl der Geborgenheit entsteht. «Ich bin der King, ich kann alles, weiß alles, niemand kann mich verletzen, ich brauche niemanden.»

Mit zunehmender Dauer des Heroinkonsums läßt die Intensität des «Kicks» allerdings nach, und die Vermeidung der Entzugssymptome nimmt einen immer größeren Raum ein. «Altjunkies» aus den sechziger / siebziger Jahren berichten außerdem, daß sie bei der heutigen schlechten Qualität des Straßenheroins nicht mehr den gleichen «Kick» erleben wie früher. Sie meinen sogar, daß die jungen Fixerinnen und Fixer das eigentliche Glücksgefühl des Heroinrausches überhaupt nicht mehr kennen würden.

Zur Verdeutlichung der positiven Rauschwirkung des Heroins das Gedicht einer neunzehnjährigen Heroinkonsumentin

(zitiert nach W. Schmidbauer, J. v. Scheidt, Handbuch der Rauschdrogen, Frankfurt / M. 1992, S. 313–14)

Liebes kleines Schwesterchen
Liebes kleines Schwesterchen, du Prinzessin auf der Erbse, kostbarste Königin
ich liebe dich, und nur dich –
du machst mich unabhängig, du machst mich schmerzunempfindlich,
– was sollen die Menschen mir noch?
Deine Wärme durchdringt mich mehr, hüllt mich ganz ein.
In deinen Fluten fühl ich mich ganz geschützt vor Kälte und eisernen Ecken,
eingehüllt in ein Häutchen, dünn, elastisch und zäh, wie das des Eies
gleite ich auf deinen Wellen dem entgegen, nachdem ich mich sehne,
der Ruhe, die nur du geben kannst.
In meinen Adern blüht dein Feuer auf, durchglüht meine Eingeweide, ohne sie zu verbrennen,
entspannt meine verklemmte Seele, befriedigt die Sehnsüchte meines Herzens.
Auf meinen Schwingen gleite ich in die Abgründe meines Geistes, seines Geistes hinein,
im Hintergrund Musik...

Dieser Sicht von innen kann ich nur die Wirkung nach außen gegenüberstellen. Heroin macht bedürfnislos und vermittelt ein Gefühl der Stärke, der Unabhängigkeit von anderen, solange der Rauschzustand anhält. Einige wirken arrogant oder einfach «weggetreten», wenn sie gerade «abnicken» (schläfrig werden). Im Gegensatz zu dem Gefühl der inneren Wärme bei den Konsumentinnen und Konsumenten können Heroinabhängige für das Umfeld kalt und abweisend wirken. Diese Außenwirkung ist nur zum Teil durch die Heroinwirkung zu erklären und außerdem nicht durchgängig vorhanden. Wer sich den ganzen Tag darum kümmern muß, illegale Drogen zu beschaffen, wer Strafverfolgung ausgesetzt ist und von der Gesellschaft diskriminiert wird, wird dadurch sicher nicht lernen, sich vertrauensvoll an andere Menschen zu wenden. Viele Verhaltensweisen der Heroinabhängigen sind Folge ihrer illegalen Sucht. Wenn man Drogenkonsumentinnen und Drogenkonsumenten vor diesem Hintergrund betrachtet, wird es leichter, sie zu verstehen, statt sich einfach nur «ausgetrickst» zu fühlen, und es ist für beide Seiten ein Gewinn an Entspannung.

Wirkungsweise der Opiate aus medizinischer Sicht

Opiate vermindern Schmerzen, wobei bedeutsam ist, daß die Schmerzen nicht völlig verschwinden müssen, damit Wohlbefinden eintritt. Die Patientinnen und Patienten nehmen die Schmerzen teilweise noch wahr, fühlen sich aber nicht mehr durch sie gestört. Die Stimmungslage verändert sich, Unlust und Angstgefühle verschwinden, euphorische Stimmung stellt sich ein. Bei Versuchspersonen, die keine Schmerzen haben und nicht an Opiate gewöhnt sind, treten allerdings beim ersten Konsum häufig unangenehme Gefühle auf. Die Patienten werden schläfrig. Andere Sinneswahrnehmungen wie Sehen, Hören, Berühren werden nicht beeinträchtigt. Opiate haben wenige Nebenwirkungen. Manchmal tritt Übelkeit bis zum Erbrechen auf. Immer kommt es zu einer Pupillenverengung und einer Tendenz zur Verstopfung, der Hustenreflex wird unterdrückt (eine manchmal erwünschte Nebenwirkung), die

Atmung gedämpft, der Blutdruck wird niedriger, der Puls langsamer. Opiate sind die wirksamsten Schmerzmittel, die die Schulmedizin kennt.

Allgemein bleibt festzustellen, daß weder im Tier- noch im Menschenversuch bei der therapeutischen Dosierung reiner Opiate (auch in der Langzeitanwendung) eine direkt schädigende Wirkung auf Organe nachweisbar ist, außer der harmlosen Pupillenverengung und der Tendenz zur Verstopfung. Damit will ich die zerstörerischen Auswirkungen einer Abhängigkeit und das hohe Suchtpotential der Opiate nicht verharmlosen. Zudem bezieht sich das oben Gesagte nicht auf das stark verunreinigte Straßenheroin, das unter haarsträubenden Bedingungen beschafft und konsumiert wird.

Diese Forschungsergebnisse sind deshalb interessant, weil sich Opiate darin wesentlich von den legalen und gesellschaftlich integrierten Drogen Alkohol und Tabak unterscheiden, die zu dosisabhängigen und organspezifischen Gesundheitsschäden führen.

Bei Alkohol zum Beispiel: Fettleber – Leberentzündung – Leberzirrhose.

Bei Tabak zum Beispiel: chronische Bronchitis – chronische Lungenüberblähung (Emphysem) – Durchblutungsstörungen.

Bezüglich des Abhängigkeitspotentials existiert der Mythos, der erste Schuß mache süchtig. Bei nicht Drogenabhängigen können beim ersten Konsum unangenehme Gefühle auftreten, und es bleibt bei dem einen Mal. Es gibt auch Kosumentinnen und Konsumenten, die Heroin nur manchmal benutzen, zum Beispiel am Wochenende. Wie groß diese Gruppe ist, kann man nicht sagen. Nichtsdestotrotz ist das Abhängigkeitspotential von Opiaten hoch. Zuerst entsteht eine psychische Abhängigkeit, weil die Gefühle (Wärme, Glücksgefühle...) als angenehm empfunden werden. Wird daraufhin regelmäßig konsumiert, entwickelt sich schnell auch eine körperliche Abhängigkeit, die sich in quälenden Entzugssymptomen äußert. Die körperliche Abhängigkeit entsteht durch Unterdrückung der körpereigenen Endorphinausschüttung. Endorphine sind opiatähnliche Stoffe, die vor allem in Streßsituationen (positiven und negativen) in die Blutbahn ausgeschüttet werden. Werden regelmäßig Opiate von außen zugeführt, wird die körpereigene Endorphinausschüttung lahmgelegt: es kommt zu Entzugserscheinungen. Die körperliche Abhängigkeit nimmt in Abhängigkeit von der Dosis und der Häufigkeit der Einnahme bis zum Erreichen der täglichen Höchstdosis zu. Das heißt je häufiger und je mehr jemand konsumiert, desto dramatischer sind die Entzugssymptome. Wichtig ist außerdem die sogenannte Toleranzentwicklung bei Opiaten. Der Körper gewöhnt sich langsam an immer größere Dosen von Heroin, ohne darauf mit einer lebensgefährlichen Atemlähmung zu reagieren. Wenn die tägliche Maximaldosis überschritten wird, kommt es zu einem lebensbedrohlichen Atemstillstand, der unbehandelt zum Tod führt.

Aber Vorsicht! Nach einem Entzug, freiwillig oder unfreiwillig, nimmt die Toleranz gegenüber Heroin stark ab, der Körper muß erst wieder an die alte Dosis gewöhnt werden, sonst kann die alte Dosis schnell zur tödlichen Überdosis werden.

Entzugserscheinungen und Überdosis werden bei *Heroin* exemplarisch ausführlicher abgehandelt. Weitere Hinweise finden Sie in diesem Teil unter *Mischkonsum* und *Drogennotfällen* und in dem Abschnitt über *Entzugsbehandlung*.

Heroinentzug aus medizinischer Sicht

Die Entzugssymptome treten ca. acht bis zwölf Stunden nach der letzten Heroininjektion auf. Der Verlauf des Entzugs und die dabei auftretenden Symptome sind individuell sehr unterschiedlich, bei ein und derselben Person dagegen immer ähnlich. Je kürzer die Zeit des Heroingebrauches, je größer die Konzentrationsschwankungen des Straßenheroins und je geringer dessen Konzentration, desto geringer sind die Entzugssymptome. Dies kann man so pauschal aber nur über die medizinisch objektivierbaren Symptome sagen. Es sagt nichts über die individuell empfundenen Qualen aus, da die Entzugssituation – sowohl was die persönliche Motivation betrifft als auch die konkrete Umgebung – einen erheblichen Einfluß ausübt. Einige Beispiele:

Eine Frau kommt mit schweren Abszessen ins Krankenhaus, wird operiert und mit Polamidon entgiftet. Sie hat kaum Entzugssymptome. Eine andere bricht in der gleichen Situation die Krankenhausbehandlung ab, da sie die Entzugssymptome nicht erträgt.

Ein Mann hat ein Notbett in einer Unterkunft für obdachlose Drogenabhängige, die an eine niedrigschwellige Kontakteinrichtung angegliedert ist. Er ist täglich von Heroinkonsumentinnen und Heroinkonsumenten umgeben und müßte nur ein paar Schritte vor die Tür gehen, um sich neuen «Stoff» zu besorgen. Er fängt an, mit Unterstützung der Mitarbeiterinnen und Mitarbeiter zu entziehen. Mit klarem Kopf ist er so geschockt von dem Elend, daß er den Entzug ohne große Probleme durchhält.

Der Zeitpunkt und die Bedingungen des Entzugs müssen also sorgfältig auf die Bedürfnisse des einzelnen abgestimmt werden, soweit dies unter den heutigen Bedingungen möglich ist.

Entzugssymptome: Pupillenerweiterung («Tellerminen»)
Opiathunger («Schußgeilheit»)
Glieder- und Rumpfschmerzen
Gähnen, Niesen, Naselaufen, Augentränen
Gänsehaut mit kaltem Schweiß («cold turkey»)
Bauchschmerzen, Durchfall, Brechreiz
Häufiges Wasserlassen
Blutdruckerhöhung, Temperatur und Puls steigen
Atmung wird schneller
Ruhelosigkeit
Schwitzen, Hitzewallungen, Zittern
Schlafstörungen
Verstimmungen und Depressionen, Ängstlichkeit

Die meisten Symptome klingen nach drei bis fünf Tagen ab und sind nach drei bis fünf Wochen verschwunden. Opiathunger, Schlaflosigkeit und Depressionen können aber noch Monate anhalten und zu Rückfällen führen.

Insgesamt kann der kalte Entzug (ohne den Entzug abmildernde Medikamente) sehr dramatisch verlaufen («ich könnte mich vor Schmerzen um den Bettpfosten wickeln»), ist aber bei körperlich und psychisch Gesunden relativ ungefährlich. Abklärung des Gesundheitszustands und Planung und Begleitung des Entzugs müssen allerdings unbedingt durch einen Arzt oder eine Ärztin erfolgen! (siehe auch Entzugsbehandlung)

Überdosis Heroin

Symptome einer Heroinüberdosis: Erregungszustände
Schwindel
Erbrechen
Stecknadelkopfgroße Pupillen
Krämpfe
Bewußtlosigkeit
Sinkender Blutdruck
Schock
Sinkende Körpertemperatur
Atemlähmung

Diese Symptome gelten auch für andere Opiate wie Methadon, Remedacen (extrem selten), Morphin . . . .

Wie erkenne ich eine Überdosis?

Hat eine Drogenabhängige eine Überdosis Heroin genommen, schnappt sie entweder verzweifelt nach Luft (beginnende Atemlähmung), oder sie wird immer schläfriger und verliert anschließend das Bewußtsein.

Woran kann man erkennen, ob jemand bewußtlos ist oder nur «abnickt» (tiefer Rauschzustand)? Wenn die Person nicht mehr auf Ansprache und/oder Schmerzreize (zum Beispiel in die Nasenscheidewand kneifen) reagiert – das heißt, sie wird nicht wieder wach –, ist sie bewußtlos. In der Bewußtlosigkeit funktionieren Reflexe wie Husten und Schlucken nicht mehr, dadurch können die Atemwege sozusagen verstopfen, zum Beispiel mit Speichel oder Essensresten. Zusätzlich kann die Zunge die Atemwege blockieren, wenn die Person auf dem Rücken liegt (die Zunge fällt nach hinten), die Patientin kann ersticken.

Mit zunehmender Dauer der Bewußtlosigkeit wird die Atemlähmung immer stärker, bis die Person gar nicht mehr atmet. Einen Atemstillstand kann man an den fehlenden Bewegungen des Brustkorbs erkennen (Hände auf den Brustkorb legen), außerdem an der blauen Farbe von Fingernägeln, Lippen, Zunge oder des ganzen Gesichts.

Wird der Atemstillstand nicht behandelt, bricht nach einer Weile der Kreislauf zusammen. Lunge und Gehirn können mit Wasser vollaufen, Gewebe kann absterben, das Herz hört auf zu schlagen. Ohne medizinische Intensivbehandlung stirbt die Patientin.

Weitere Hinweise zu Überdosierungen finden sie in den Kapiteln über Mischkonsum und Drogennotfälle.

Coca, Kokain, Crack

Den ersten Hinweis auf den Konsum von Cocablättern datiert man auf 3000 v. Chr. Seit mindestens 1200 Jahren ist der Konsum der Blätter der Cocastaude in Südamerika weit verbreitet. Zwischenzeitlich wurde sie von den Inkas für heilig erklärt und wurde nur von Adel und Priesterschaft für religiöse Zwecke eingesetzt. Spätestens seit dem 16. Jahrhundert, seit der Zerstörung des Inkareiches durch die Spanier, ist der Cocaismus wieder weit verbreitet. Cocablätter enthalten Mineralien und Spurenelemente und werten damit karge Mahlzeiten auf, sie verbessern die Ausnutzung der Nahrung, vermindern das Hungergefühl (besonders für die Armen wichtig), erhöhen die Körpertemperatur um 3°C (erleichtert die Arbeit im kalten Hochland), erleichtern die Höhenanpassung, steigern die Energie und verbessern die Stimmung.

Coca ist ein wesentlicher Bestandteil der indianischen Lebensweise. Man schätzt, daß etwa 90 Prozent der Indianer diese Droge gebrauchen, ohne süchtig zu sein (von wenigen Ausnahmen abgesehen). Coca macht körperlich nicht abhängig. Es ist Teil gesellschaftlicher und religiöser Bräuche, wird zur Leistungssteigerung bei der Arbeit und zu medizinischen Zwecken eingesetzt.

Mit den Spaniern gelangten die ersten Informationen über Coca nach Europa, stießen dort aber nur auf geringes Interesse. Erst 1860 isolierte ein Österreicher Kokain aus den Blättern. Ende des 19. Jahrhunderts wurde daraufhin eine Unmenge an kokainhaltigen Zigaretten, Getränken, Stärkungsmitteln und Arzneizubereitungen auf den Markt gebracht. Unter anderem 1885 Coca-Cola. Seit 1903 wird den Cocablättern allerdings das Kokain entzogen, sie werden nur noch wegen ihrer Aromastoffe verwendet. Sigmund Freud entdeckte die örtlich betäubende Wirkung des Kokains und konsumierte es selber einige Jahre. Er pries seine stimmungshebende Wirkung und empfahl es einem Freund, um ihn vom Morphinismus zu heilen. Der Freund starb an dem exzessiven Gebrauch von Kokain. Ganz im Gegensatz zu den Cocablättern ist Kokain bei massivem Dauerkonsum eine für den Körper toxische (schädigende) Droge, die psychisch abhängig machen kann. Daraufhin stoppte Freud seine Kokainexperimente. Die Schulmedizin benutzt heute noch – wenn auch nur selten – Kokain zur örtlichen Betäubung im Hals-Nasen-Ohren-Bereich.

Als Droge war Kokain bis in die dreißiger Jahre als Party- und Künstlerdroge der Upperclass weit verbreitet. Kokain war schick, es gehörte dazu. Ganz im Gegensatz zu Heroin galt es nicht als harte Droge. Und das, obwohl beim Konsum reinen Kokains, im Gegensatz zu reinem Heroin, körperliche Schäden möglich sind. Durch strenge Gesetzgebung ging der Konsum stark zurück, um dann Anfang der achtziger Jahre wieder enorm anzusteigen. Das schillernde Image des Kokains hat sich nicht verändert. Manager und Künstler und jene, die dazugehören wollen und es sich auch leisten können, konsumieren es, um ihre Leistungsfähigkeit und Kreativität zu steigern.

Gleichzeitig mit dem neuen Kokainboom tauchte in den USA eine neue Droge auf: Crack. Crack wird durch Zusatz von Chemikalien aus Kokain hergestellt. Es wird meistens geraucht. Es wurde u. a. für die «Kokser» entworfen (designed), die gegen normales Kokain fast immun waren oder einen stärkeren Rausch wünschten, ohne drücken zu müssen. Crack ist billig, intensiv in der Rauschwirkung und zerstörerisch für den Körper. Es verbreitete sich in den USA schnell unter denen, die kein Geld für Kokain haben. In der BRD ist Crack bis jetzt kaum verbreitet. Das liegt vielleicht an den vergleichsweise immer noch relativ geringeren Mengen Kokain auf dem deutschen Markt.

Wirkungsweise des Kokains

Kokain ist ein weißes Pulver («Schnee»), das meistens entweder durch die Nase hochgezogen wird («koksen») oder mit Wasser flüssig gemacht in die Venen gespritzt wird (i. v.-Konsum). Kokain ist eine aufputschende Droge, ein Fitmacher mit vielen Nebenwirkungen. Je höher die Dosierung, desto häufiger treten unangenehme Nebenwirkungen auf psychischer und körperlicher Ebene auf. Intravenöser Konsum macht einen intensiven «flash», der schnell wieder abflaut. Nasaler Konsum ist milder in der Wirkung und hält länger an.

Kokainkonsum verursacht nur eine geringe körperliche Abhängigkeit, das heißt, es gibt kaum charakteristische körperliche Entzugssymptome. Das psychische Abhängigkeitspotential kann dagegen erheblich sein. Außerdem entwickelt sich eine Toleranz, das heißt, die Dosis muß bei regelmäßigem Konsum für die gleiche Rauschwirkung erhöht werden.

Was macht Kokain als Droge interessant für Konsumentinnen und Konsumenten?

In kleinen Dosen erleichtert es die Kontaktaufnahme, vermittelt geistige Klarheit, die Gedanken werden schneller, ein Gefühl von Kraft, Energie und gesteigerter Kreativität entsteht, der Drang sich zu bewegen, viel zu reden («Kokolores» reden), das sexuelle Empfinden wird gesteigert.

In höheren Dosen entsteht Euphorie, häufig gepaart mit einer unbestimmten Angst, die die Züge eines Verfolgungswahns trägt. Die Kokainkonsumentinnen und Kokainkonsumenten wirken teilweise von einem unsichtbaren Motor getrieben. Sie sind nervös, angespannt, reden ohne Unterlaß auf andere ein. Es kann zu Halluzinationen kommen (Trugbilder, häufig von Tieren), die entweder außerhalb oder, gepaart mit unerträglichem Hautjucken, unter der Haut gesehen werden. Letzteres führt dazu, daß die Patientinnen und Patienten sich massiv die Haut zerkratzen, um den Juckreiz zu lindern und weil sie versuchen, die imaginären Tiere aus ihrer Haut herauszuholen. Solche Zustände können tagelang anhalten, auch wenn kein Kokain mehr konsumiert wird. Der Appetit sinkt, der Schlaf ist schwer gestört. Ob Kokain Gewalttätigkeit fördert, ist sehr umstritten. Läßt die Wirkung nach, setzen Depressionen ein, der sogenannte «Kokainkater».

Wegen der negativen Begleiterscheinungen wird Kokain öfter mit Heroin zum sogenannten «speedball» gemixt, dadurch wird die Wirkungsdauer verlängert, und Angstzustände werden gemildert. Trotz dieser negativen Begleiterscheinungen nimmt der Kokainkonsum bei uns enorm zu. Reiche, Kreative und Manager setzen es als Leistungsdroge ein. «Koksen» ist schick und paßt optimal in unsere Leistungsgesellschaft: Jung, fit, locker, schlank und kreativ sein ist in manchen Kreisen ein Muß.

Der zunehmende «Import» von Kokain in die BRD hatte durch die größere Konkurrenz auf dem Schwarzmarkt einen Preisverfall zur Folge und wurde damit auch für Fixerinnen und Fixer erschwinglich. Um die schlechte Qualität des Straßenheroins auszugleichen und trotzdem einen «Kick» zu erleben, ist es mittlerweile sehr verbreitet. Kokain ist allerdings ebenfalls mit vielen Substanzen gestreckt, zum Beispiel örtlichen Betäubungsmitteln, Coffein, Glukose, Amphetaminen... Der Reinheitsgehalt schwankt ähnlich stark wie beim Heroin, so daß das Risiko versehentlicher Überdosierungen und toxischer Schäden durch die Streckmittel prinzipiell vergleichbar ist. (Siehe auch den Abschnitt über Straßenheroin.) Kokain bietet darüber hinaus eine weitere Möglichkeit, seinen Zustand zu verändern. Allein in der Ecke «abnicken» mit Heroin und Rohypnol oder «fit wie ein Turnschuh» mit Kokain durch die Gegend laufen, das ist hier die Frage.

Was bewirkt Kokain im Körper?

Örtlich angewendet, betäubt es Haut und Schleimhäute und verengt die Blutgefäße. Insgesamt bewirkt Kokain eine Erweiterung der Pupillen, erhöht den Blutdruck, das Herz schlägt schneller, es kommt schneller zu Krampfanfällen. Der Appetit nimmt ab, es tritt vermehrt Durchfall auf, häufig im Wechsel mit Verstopfung. Es kann Schüttelfrost und Gänsehaut auslösen, der Rachen wird trocken. Bei hohen Dosierungen sehen manche geometrische Formen am Rande des Gesichtsfelds oder Schnee. Langfristig kann Kokain impotent machen. Die Leber wird durch den Kokainabbau belastet.

Die Gefäßverengung ist für die Zerstörung der Nasenscheidewand beim «sniefen» und die schlecht heilenden Abszesse mit Nekrosenbildung (totes Gewebe) verantwortlich.

Die Ankurbelung des Herz-Kreislauf-Systems führt vermehrt zu Herzinfarkten und Gehirnblutungen. Durch die Appetitminderung und die aufputschende Wirkung kommt es schnell zum körperlichen und seelischen Ausbrennen.

Wirkungen und Nebenwirkungen sind abhängig von der Art und der Menge des Konsums. Sporadischer Konsum in niedriger Dosierung verursacht in der Regel keine körperlichen Schäden, sie sind aber nicht mit Sicherheit auszuschließen. Außerdem ist es wichtig zu wissen, daß die individuell verträgliche Dosis sehr unterschiedlich zu sein scheint und Kokain keine harmlose Droge ist. Besonders gefährlich ist Kokain für Menschen mit Herzerkrankungen (Blutdruck steigt), Diabetiker (Blutzuckerspiegel steigt) und Epileptiker (Krampfschwelle sinkt).

Symptome bei Überdosierung: Zittern, Krämpfe
Übelkeit und Erbrechen
Bluthochdruckkrisen (rotes Gesicht)

Herzrhythmusstörungen
Zusammenbruch des Kreislaufs und der Atmung
Bewußtlosigkeit
Halluzinationen, Angstzustände, Verfolgungs-
wahn
Der Tod tritt durch Herzstillstand ein

Entzugssymptome: Angstzustände, Depressionen, Schlaflosigkeit
Erschöpfung, Lethargie, Gereiztheit
Erbrechen, Durchfall
Herzklopfen und Atemnot

Da Kokain im eigentlichen Sinne nicht körperlich abhängig macht, gibt es kein klassisches Bild des Entzugs. Die meisten Symptome sind auf die aufputschende Wirkung der Droge zurückzuführen, die bei Dauergebrauch die eigenen Leistungsgrenzen chronisch übersteigt und dadurch anschließend zu Erschöpfungszuständen führt.

Was ist Crack?

Kokain kommt bei uns in Salzform auf den illegalen Markt. Wenn von diesem Salz (Cocainhydrochlorid) Salzsäure abgespalten wird, entsteht die sogenannte Free Base/Crack. Free Base/Crack ist nicht mehr wasserlöslich und kann somit nicht mehr gespritzt werden. Dafür schmilzt es erst bei höheren Temperaturen und ist deshalb gut zum Rauchen geeignet. Man unterscheidet sauberes und schmutziges Crack. Sauberes Crack ist die reine Free Base, im schmutzigen Crack verbleibt das Natrium-Bicarbonat, das man für die chemische Umwandlung braucht. Der Wirkstoffgehalt von Crack ist dementsprechend schwankend. Leider ist es aber auch bei sauberem Crack so, daß das beste Crack nur so sauber sein kann wie das Kokain, aus dem es hergestellt wurde. Es handelt sich nicht um die Veredlung von verunreinigtem Kokain.

Crack wird meistens in einer Wasserpfeife geraucht, da der Rauch weniger heiß und damit weniger schädlich ist und Wirkstoffverluste besser vermieden werden können.

Wie wirkt Crack?

Im Prinzip wirkt Crack genauso wie Kokain, nur sehr viel schneller, heftiger und kürzer. Der sogenannte «Rush» (maximale Rauschwirkung) tritt schon nach 30 Sekunden ein und hält maximal 1 Stunde an. Genau wie beim Kokain folgt eine depressive Phase, die bei einmaligem Konsum aber nur 2 Minuten anhält. Der schnelle Wirkungsabfall und die nachfolgende Depression werden für das hohe Suchtpotential von Crack verantwortlich gemacht. Man nimmt an, daß das Rauchen von Crack schneller süchtig macht als das «Fixen» von Kokain. Es ist aber, wie auch bei Heroin, ein Mythos, daß der erste «Hit» (Inhalation) auf jeden Fall abhängig macht. Es gibt auch hier Gelegenheitskonsumentinnen und Gelegenheitskonsumenten und hochgradig Süchtige, die sozusagen Kette rauchen und Stunden oder sogar Tage im Rausch zubringen. In den USA hat sich daraus eine eigene Subkultur entwickelt mit «Crack-Häusern», die nur für den Konsum von Crack genutzt werden.

Wirkungen von Crack im Körper

Keinen Zweifel gibt es dagegen z. Z. über die körperlich zerstörerische Wirkung von Crack. Der heiße Rauch kann zu Verbrennungen in den Atemwegen führen, zur Schädigung der Schleimhäute von Lippen, Mund und Bronchien, Schmerzen in der Brust (Herzentzündung) mit schwarzem oder blutigem Auswurf, Bronchitis und Lungenentzündung. Es kann im Gefolge dieser Lungenschäden zum Zusammenbruch der Atmung und damit zum Tod kommen.

Herz und Herzgefäße können so massiv geschädigt werden, daß Herzkrämpfe und Herzversagen auftreten können.

Crack-Konsum ist nicht per se tödlich, aber mit Sicherheit gesundheitsschädlich. Auf der psychischen Ebene können – wie beim Kokain – Angstzustände, Verfolgungswahn, Antriebslosigkeit, Depressionen, Halluzinationen und Gereiztheit auftreten.

Entzugssymptome: Übelkeit, Appetitlosigkeit
Hustenanfälle, Heiserkeit
Schwindel, Zittern, Schlaflosigkeit
Depressionen, Angstzustände

Ein Crack-Entzug bei einem Süchtigen dauert mindestens drei Tage. Symptome wie Depressionen, Angstzustände, Lethargie, Appetitverlust, chronische Müdigkeit und Verlust des sexuellen Interesses können noch länger bestehen bleiben.

Symptome bei Überdosis: Koordinationsstörungen, Zittern,
Krämpfe
Bewußtlosigkeit
Atemstillstand, Herzstillstand
Bluthochdruckkrise mit Hirnblutung
Körpertemperaturerhöhung mit Kreislaufzusammenbruch

Cannabis

Geschichte

Cannabis war den Chinesen schon im 4. Jahrtausend v. Chr. bekannt. Es war für die Chinesen eine göttliche Pflanze, aus der sie Kleidung, Fischernetze und Lampenöl herstellten. 2737 v. Chr. wurde es das erste Mal schriftlich in dem Arzneimittelbuch eines chinesischen Kaisers erwähnt. Die Chinesen kannten auch die berauschende Wirkung von Cannabis, es wurde als Droge aber anscheinend nicht so häufig konsumiert wie Opium.

In Indien dagegen wurde Cannabis nicht nur als Medizin gegen körperliche und psychosomatische Krankheiten eingesetzt, sondern war wegen seiner berauschenden Wirkung fester Bestandteil religiöser Zeremonien. Cannabis wurde das erste Mal 800 v. Chr. in der indischen Literatur erwähnt. Es ist bis heute fest integrierter Bestandteil der indischen Kultur und Medizin.

In die westliche Welt kam Cannabis etwa 900 v. Chr. Es wurden zum Beispiel Haschischklumpen unter den Ruinen eines Totentempels im Norden Griechenlands gefunden. Einige Forscher vermuten, daß es bei den Orakeln (Wahrsagungen) eingesetzt wurde. Den Germanen war es, Grabfunden zufolge, schon im 5. Jahrhundert v. Chr. bekannt, der Verwendungszweck ist allerdings unbekannt.

Im Mittelalter empfahl Hildegard v. Bingen zum Beispiel Cannabis zur Behandlung offener Wunden und Geschwüre. Nach dem heutigen Stand der Geschichtsforschung konnte es sich anscheinend als Medizin in Mitteleuropa nicht durchsetzen. Man vermutet allerdings, daß es ein Bestandteil der «Hexensalben» war. Trotz der ausführlichen Abhandlungen zweier französischer Ärzte im 15. und im 19. Jahrhundert war der Gebrauch von Cannabis als Halluzinogen in Europa nicht so stark verbreitet wie zum Beispiel in Indien. Der Hanfanbau zur Gewinnung von Fasern und Öl dominierte.

Ganz anders in den mohammedanischen Ländern. Dort hat Cannabis die Stellung, die bei uns Alkohol einnimmt (Alkohol ist den Mohammedanern verboten).

Anfang des 20. Jahrhunderts verbreitete Cannabis sich in den USA. Seitdem ist die Geschichte dieser Droge von den vielen Versuchen gekennzeichnet, Konsum und Handel zu unterbinden. 1937 wurde der Marihuana Tax Act erlassen, der Versuch, durch extrem hohe Besteuerung den Cannabiskonsum einzudämmen. 1961 wurde in einer internationalen Vereinbarung der Weltgesundheitsorganisation (WHO), der Single Conventions Treaty, Cannabis verboten und den gefährlichen Drogen zugeordnet (Indien weigerte sich, dieses Verbot anzuerkennen). Angesichts der sehr widersprüchlichen Forschungsergebnisse über Cannabis und seiner positiven Eigenschaften als Arzneimittel und Nutzpflanze eine sehr drakonische Maßnahme. In den letzten Jahren wächst das Interesse für Cannabis als Arzneimittel wieder. Es scheint den Augeninnendruck beim Glaukom zu senken, die Bronchien bei Asthma zu erweitern, bei spastischen Krämpfen und Epilepsie entspannend zu wirken, Schmerzen zu lindern und vor allem die Übelkeit und den Brechreiz bei chemischer Krebstherapie zu mildern.

In der BRD erfreut sich Cannabis als Rauschmittel seit den sechziger Jahren wachsender Beliebtheit in den unterschiedlichsten Kreisen. Man kann heute nicht mehr von einer speziellen «Kifferszene» reden. Studenten «kiffen» genauso wie Lehrer, Matrosen, Krankenschwestern, Aussteiger oder Intellektuelle. Laut Spiegel (18/1994, S. 240) haben 9 Prozent aller Erwachsenen und etwa 15 Prozent aller Jugendlichen unter 18 Jahren Erfahrung mit Cannabis.

Herstellung und Konsum von Cannabis

Haschisch und Marihuana werden aus der blühenden weiblichen Hanfpflanze (Cannabis) hergestellt. In den Blüten bilden sich kleine Drüsenhaare, die ein Harz absondern und die Blütenblätter damit überziehen. Dieses Harz enthält THC (Delta 9-Tetrahydrocannabiol), die berauschende Wirksubstanz.

Marihuana ist ein tabakähnliches Gemisch aus den getrockneten Blättern und Blüten, die von dem Harz überzogen sind. Der THC-Gehalt schwankt zwischen 1 und 7 Prozent.

Haschisch ist das reine Harz, das aus den Blättern und Blüten gewonnen wird, und hat einen entsprechend höheren THC-Gehalt (5–12 Prozent). Es wird in Platten gepreßt.

Die konzentrierteste Form ist Haschischöl (Haschischextrakt) mit einem THC-Gehalt von bis zu 80 Prozent.

Der Wirkstoffgehalt ist je nach Herkunftsland und Sorte sehr unterschiedlich. Eine schwache Haschischsorte ist zum Beispiel «grüner Türke»; «schwarzer Afghane» ist etwa viermal so stark. Bei Marihuana reicht die Palette ebenfalls von schwachem deutschem «Grass» bis zum starken «Thaistick».

Haschisch kann geraucht, getrunken oder gegessen werden. Von der unterschiedlich harten, süßlich-würzig riechenden Haschischplatte wird ein Stückchen abgebrochen, erwärmt und zerbröselt.

Zum Rauchen werden die Brösel entweder mit Zigarettentabak vermischt und mit Blättchen zu einem «Joint» gedreht oder pur in einer Wasserpfeife oder einer speziellen kleinen Haschischpfeife konsumiert. Die Wirkung tritt nach wenigen Minuten ein, mit einem Maximum nach 10–30 Minuten, und hält 2–3 Stunden an, evtl. auch länger.

Man kann es Getränken oder Essen zusetzen, einen Tee bereiten oder «Haschplätzchen oder -kuchen» backen. Im Gegensatz zum Rauchen tritt die Wirkung erst nach 1/2–2 Stunden ein und hält 3–5 Stunden an. Außerdem wird für den gleichen Effekt etwa zwei- bis dreimal soviel Haschisch benötigt durch Wirkstoffverluste im Magen-Darm-Trakt.

Haschisch wird, wie andere Rauschdrogen auch, manchmal mit Streckmitteln versetzt, zum Beispiel Henna und Schuhcreme. In der Regel haben diese Beimischungen aber keine gesundheitlich gefährlichen Auswirkungen, außer möglichen allergischen Reaktionen und einer schlechteren Einschätzung des Wirkstoffgehaltes. Das Gerücht, daß Opiate beigemengt würden, um Konsumentinnen und Konsumenten abhängig zu machen, läßt sich durch die Statistiken der Kriminalämter nicht bestätigen.

Marihuana wird meistens als «Joint» oder pur in einer Pfeife geraucht. Es wirkt im allgemeinen schwächer als vergleichbare Haschischzubereitungen. Starke Sorten wie «Thaigrass» und «Sinsemilla» sind allerdings in der Wirkung dem Haschisch vergleichbar.

Wirkung von Cannabis

Seit 1895 versuchten Forscher, die Wirkungssubstanz von Cannabis zu entdecken. Erst 1965 identifizierten R. Mechoulam und Y. Gaoni in Jerusalem THC als die für den Rausch verantwortliche Substanz. Seitdem sind viele medizinische Studien zu Cannabis erschienen. Die Ergebnisse sind extrem widersprüchlich und häufig stark von der Ideologie der Forscher und der Gesellschaft, in der sie leben, abhängig. Die Palette reicht von der völligen Verteufelung von Cannabis als Einstiegsdroge für Heroin bis zur völligen Verherrlichung als bewußtseinserweiternde Droge ohne Nebenwirkungen. Beide Extreme sind unseriös. Weil fast alle Heroinkonsumentinnen und Heroinkonsumenten Cannabis konsumiert haben oder es noch immer tun, kann man nicht den Umkehrschluß ziehen und sagen, daß alle Cannabiskonsumentinnen und Cannabiskonsumenten auch Heroin konsumieren. Schon die Zahlenverhältnisse sprechen dagegen. Außerdem: Die meisten Fixerinnen und Fixer haben vor dem Einstieg in den Heroinkonsum Zigaretten geraucht und Alkohol getrunken. Konsequenterweise müßten diese Forscherinnen und Forscher daraus den Schluß ziehen, daß alle, die gerne Alkohol trinken oder Zigaretten rauchen, früher oder später zu Heroin greifen werden. Weitere Erläuterungen zu dieser unwissenschaftlichen Argumentation erübrigen sich. Als weiteres Argument für die These, Cannabis sei eine Einstiegsdroge, wird die heimliche Beimischung von Opiaten angeführt. Bis jetzt wurden allerdings in keiner der beschlagnahmten Cannabismengen Opiate gefunden. Darüber hinaus wäre die Beimengung von Opiaten ein weiteres Argument für die Entkriminalisierung bzw. Legalisierung von Cannabis. Im Gegenzug ist die Verherrlichung von Cannabis als bewußtseinserweiternde Droge ohne jede schädliche Nebenwirkung als Reaktion auf die Verteufelung zwar nachvollziehbar, unterschlägt aber bekannte Risiken.

Cannabis ist von seiner Rauschwirkung her keiner Gruppe eindeutig zuzuordnen. Es hat sowohl stimulierende, als auch beruhigende, als auch halluzinogene Effekte. Die Wirkung ist stark abhängig von der Persönlichkeitsstruktur und der aktuellen Verfassung der Konsumentin und des Konsumenten, der Menge, der Dauer und der Regelmäßigkeit des Konsums. Cannabis wird sehr langsam abgebaut, es ist bis zu einem Monat im Körper nachweisbar und wird dort gespeichert. Cannabis macht nicht körperlich abhängig, das heißt, es gibt keine körperlichen Entzugserscheinungen. Es kann allerdings wie jede Droge psychisch abhängig machen und damit für einige wenige Konsumentinnen und Konsumenten zum echten Problem werden.

Weil Cannabis in der Rauschwirkung so stark von der Persönlichkeitsstruktur abhängt, ist es unmöglich, den typischen Cannabisrausch zu schildern. Es lockert die innere Zensur und erleichtert so den Zugang zum Unbewußten. Baudelaire formulierte nach Selbstversuchen 1858: «Möchten die Laien und die Unerfahrenen, die auf die Bekanntschaft mit unerhörten Freuden begierig sind, es sich doch einmal eindringlich gesagt sein lassen, daß sie im Haschisch durchaus nichts Wunderbares finden werden, durchaus nichts anderes, als die eigene gesteigerte Natur!» (zitiert nach Schmidbauer, v. Scheidt, Ffm, 1992, S. 108) Die Palette reicht vom angenehm entspannten Rauschzustand über gesteigerte Aktivität bis zum «Horrortrip» mit quälenden Halluzinationen.

Beim ersten Konsum von Cannabis stellt sich häufig keine Rauschwirkung ein. Durchschnittliche Rauscherlebnisse zeichnen sich durch Glücksgefühle und Heiterkeit aus, die Umgebung rückt weg, wird weniger wahrgenommen, als unwichtiger empfunden. Gleichzeitig werden Farben, Musik und Geräusche in der unmittelbaren Umgebung intensiver wahrgenommen. Zeit- und Raumempfinden verändern sich, Minuten werden wie Stunden empfunden, Entfernungen werden falsch eingeschätzt. Ein Gefühl der inneren Zufriedenheit und Entspannung stellt sich ein, bis hin zu völliger Passivität. Das Denken wird assoziativer, ähnelt mehr den Denkstrukturen in Träumen. Diese positiven Empfindungen können aber auch von negativen Gefühlen wie Angst- oder Schuldgefühlen durchsetzt sein. Solche negativen Gefühle treten verstärkt auf, wenn jemand in einer schlechten Stimmung oder einer als unangenehm empfundenen Umgebung Cannabis raucht. Dann kann die erwartete wohlige Zufriedenheit schnell in Angst und Depression umschlagen. Die Kombination mit Alkohol oder anderen Drogen kann die Wirkung unberechenbar machen. Es kann völlige Desorientiertheit auftreten, oder der Kreislauf kann zusammenbrechen.

Auf körperlicher Ebene kann es zu schnellerem Herzschlag, höherem Blutdruck, kalten Händen und Füßen, den typischen roten «Kaninchenaugen», Kopfschmerzen, Übelkeit, vermehrtem Appetit und Durst, Zittern, Gangunsicherheit und verlangsamter, undeutlicher Sprache kommen.

Bei ständigem Konsum verändert sich die Rauschwirkung. Die typischen Rauscherlebnisse bleiben aus. Die stimmungshebende Wirkung bleibt. Einige haben weniger Interesse an ihrer Umgebung, werden lethargischer, einige benötigen Cannabis gerade zur Kontaktaufnahme mit anderen Menschen, weil sie dann weniger Hemmungen haben, wieder andere werden dann erst richtig aktiv und können prächtig für eine Prüfung büffeln.

Über all diese Unterschiede hinaus gibt es noch die untypischen Rauschverläufe. Der Rausch kann ungewöhnlich lange anhalten, bis zu Tagen, es kann zu «bad trips» kommen mit quälenden Halluzinationen, einer von Ängsten geprägten Wahrnehmung der Umgebung oder heftigen Depressionen.

Durch die Lockerung der inneren Zensur kann Cannabis außerdem Psychosen anstoßen, aber sicher selber keine Psychosen hervorrufen, wie manche behaupten, die von einer «toxischen Cannabispsychose» sprechen. Verdrängte Erlebnisse können bewußt werden. Im Gegensatz zu Alkohol, der auch die innere Zensur lockert, ist bei Cannabis das Bewußtsein in der Regel nicht so getrübt. Verdrängung ist nicht per se ein schlechter Mechanismus, er schützt den Menschen auch davor, Dinge zu erinnern, die er nicht verkraften würde. Werden solche Erinnerungen durch Drogenwirkung bewußt, kann der Mensch mit dem Ausstieg aus der Realität reagieren, er wird psychotisch. Diese heftige Wirkung tritt aber nur bei besonders dafür disponierten Personen auf, einige finden aber auch nie mehr den Weg zurück in die Realität. Starke Halluzinationen und eine Persönlichkeitsveränderung mit zunehmendem Ausstieg aus der Realität sind ein Warnsignal, den Cannabiskonsum einzustellen.

Eine weitere unangenehme Wirkung sind die sogenannten «Flashbacks». Tage bis Monate nach dem letzten Konsum können rauschähnliche Zustände auftreten, die Angst machen können, weil sie nicht mit dem lange zurückliegenden Cannabiskonsum in Verbindung gebracht werden. «Flashbacks» treten zwar nur sehr selten auf, können aber gefährlich werden, zum Beispiel beim Autofahren.

Verursacht Cannabis körperliche Dauerschäden?

Es gibt wie gesagt viele Untersuchungen mit sich völlig widersprechenden Ergebnissen. Von Genschäden über Leberschäden bis zu Gehirnschäden ist alles mögliche belegt und widerlegt worden.

Sicher verursacht Dauerkonsum von Cannabis (geraucht) chroni-

sche Lungenschäden durch den hohen Teergehalt, der über dem normaler Zigaretten liegt. Eventuell kommt es zu migräneartigen Kopfschmerzen und Herzrhythmusstörungen (durch die Beschleunigung
des Pulsschlages), die für Menschen mit Herzkreislaufschäden gefährlich werden können.

Zusammengefaßt ist Cannabis für die meisten Menschen eine relativ
ungefährliche Droge, die körperlich nicht abhängig macht und nur
für eine kleine Minderheit der Dauergebraucherinnen und Dauerge-
braucher zum Problem wird. Im Vergleich zu Drogen wie Alkohol,
Nikotin, Barbituraten und Benzodiazepinen birgt der Genuß von
Cannabis, von den erwähnten Ausnahmen abgesehen (psychisch
Kranke, Herzkranke, Gefahren im Straßenverkehr und bei der Arbeit
an gefährlichen Maschinen durch die Veränderung des Zeit- und
Raumempfindens, Mischkonsum mit Alkohol...), nur wenige Risiken, die die strafrechtliche Verfolgung und gesellschaftliche Verteufelung in keiner Weise rechtfertigen.

Entzugssymptome: leichte Schlafstörungen
innere Unruhe
(vergleichbar einem Kaffeeentzug)

Symptome bei Überdosis: Herzrasen, Unterkühlung, Schmerz-
unempfindlichkeit,
Körperstarre und Koordinationsstörungen
Bindehautentzündung, Tränenfluß, Husten
Kopfschmerzen, Übelkeit und Erbrechen
Atemnot und Schocksymptome
Halluzinationen, Störung des Raum-Zeit-Ge-
fühls
Schneller Wechsel von positiven und negativen
Gefühlen
Schwere Angstzustände

Realitätverlust)

Beruhigungs- und Schlafmittel

Geschichte

Beruhigungs- und Schlafmittel werden in der Pharmakologie unterteilt in Barbiturate und Benzodiazepine. Beide Gruppen werden als Schlaf- und Beruhigungsmittel eingesetzt, unterscheiden sich aber in Wirkungen, Nebenwirkungen und Art der chemischen Zusammensetzung so weitgehend, daß sie getrennt betrachtet werden müssen. Die Entstehungsgeschichte wird das verdeutlichen.

1863 synthetisierte Adolf von Bayer zum ersten Mal Barbitursäure, die Grundsubstanz der Barbiturate. 1903 brachte die Firma F. Bayer und Co. das erste Barbiturat auf den Markt. Sein Erfinder soll auf einer Reise nach Italien eingeschlafen sein und von dem Ausruf des Schaffners: «Verona!» geweckt worden sein. Er nannte sein neu entdecktes Medikament «Veronal». Es folgten viele ähnliche Medikamente. Sie wurden in der Psychiatrie als Beruhigungs- und Schlafmittel und zur Linderung von Morphin- und Alkoholentzügen eingesetzt, u. a. wegen ihrer krampflösenden Wirkung. In kürzester Zeit wurden die Barbiturate immer beliebter und wurden zunehmend auch außerhalb der Psychiatrie zur Behandlung von Schlafstörungen verschrieben. Sie tauchten auch immer häufiger auf dem Schwarzmarkt auf. Wegen ihrer Nebenwirkungen gerieten sie im Laufe der Jahre immer mehr ins Kreuzfeuer der Kritik. Man suchte neue Substanzen mit ähnlicher Wirkung.

1954 experimentierte die Firma Hoffmann-La Roche und Co. Inc. erfolgreich mit dem Wirkstoff Meprobamat, der schon seit 1891 bekannt war. 1960 brachte Hoffmann-La Roche das erste Benzodiazepin mit dem Markennamen Librium auf den Markt. Im Gegensatz zu den Barbituraten konnte man eine beruhigende Wirkung erzielen, ohne das Bewußtsein stark zu beeinträchtigen, das heißt, trotz der Verminderung von Angst- und Spannungsgefühlen trat keine nennenswerte Schläfrigkeit auf. Sie konnten am Tage benutzt werden, weil die Patientinnen und Patienten nicht gleich völlig arbeitsunfähig wurden. Sie waren aber auch als Schlafmittel nützlich, entkrampften die Muskulatur und hatten eine krampflösende Wirkung wie die Barbiturate. Aufgrund ihres breiten Wirkungsspektrums wurden sie immer häufiger eingesetzt und verdrängten in den siebziger Jahren zunehmend die Barbiturate, die wegen ihrer Nebenwirkungen immer mehr in Verruf geraten waren. Benzodiazepine, auch Tranquilizer genannt, sind wegen ihrer angstlösenden und entspannenden Wirkung als bequeme Arzneimittel bei Ärzten und Patientinnen und Patienten gleichermaßen beliebt. Schreiende Kinder, gestreßte Mütter, neurotische oder einfach nur anstregende Patientinnen und Patienten, psychosomatisch Erkrankte, Hypochonder, Frauen in den Wechseljahren, Patientinnen und Patienten mit hartnäckigen Schlafstörungen, alle konnten mit Benzodiazepinen zufrieden- und auch ruhiggestellt werden. Namen wie «happy pills» (glücklich machende Tabletten) oder «mother's little helpers» (Mutters kleine Helfer) sprechen eine eigene Sprache. Das bekannteste unter den Benzodiazepinen ist sicher Valium, mit dem Hoffmann-La Roche jährlich alleine in der BRD millionenschwere Umsätze erzielt, mittlerweile allerdings von Rohypnol (ebenfalls Hoffmann-La Roche) überholt. 1991 wurden in der BRD 49,7 Millionen Rohypnol-Tabletten verkauft mit einem Umsatz von circa 39 Millionen DM. Es gehörte damit zu den 20 am häufigsten verkauften Medikamenten. Benzodiazepine werden sehr viel häufiger Frauen als Männern verschrieben und erschreckend häufig auch Kindern verordnet, die durch Konzentrationsschwäche oder Bewegungsdrang «auffallen». 1990 wurden Kindern unter 12 Jahren 82000mal Benzodiazepine verschrieben! Diese Zahlen erschrecken angesichts des hohen Abhängigkeitspotentials, der gefährlichen, langwierigen Entzüge und der Möglichkeit des Mißbrauchs von Drogen, ohne über die Gefahren informiert zu sein. Das nur als Illustration der Verbreitung der «happy pills» in unserer leistungsorientierten Gesellschaft unter der «drogenfreien Normalbevölkerung».

In der illegalen Drogenszene haben die Benzodiazepine und Barbiturate seit den achtziger Jahren zunehmend an Beliebtheit gewonnen. Sie werden als zusätzliche Droge oder zur Überbrückung konsumiert. Man schätzt zum Beispiel, daß mittlerweile etwa zwei

Drittel aller Heroinkonsumentinnen und Heroinkonsumenten zusätzlich mehr oder weniger regelmäßig Rohypnol konsumieren.

Wirkungsweise der Barbiturate

Die Wirkung der Barbiturate ist stark dosisabhängig.

Bei niedriger Dosierung wirken sie beruhigend, machen aber gleichzeitig schläfrig, das heißt, sie trüben das Bewußtsein, vergleichbar der Wirkung von Alkohol.

Bei mittlerer Dosierung führen sie Schlaf herbei. Dieser künstlich herbeigeführte Schlaf hat den Nachteil, daß die Traumphasen im Schlaf unterdrückt werden. Träume sind für unsere psychische Stabilität sehr wichtig, da wir in ihnen Tagesereignisse verarbeiten. Die Schlafforschung hat entdeckt, daß man die Traumphasen am sogenannten REM-Schlaf (rapid eye movement = schnelle Augenbewegungen) erkennen kann. Wenn man einen schlafenden Menschen jedesmal in der REM-Phase aufweckt, ihn ansonsten aber normal schlafen läßt, wird er nach einigen Tagen verrückt. Er fängt an, unter Wahnvorstellungen zu leiden, und ist trotz ausreichender Dauer des Schlafes nicht ausgeruht. Da Barbiturate diese REM-Phasen im Schlaf unterdrücken, verursachen sie bei ständigem Gebrauch langfristig psychische Störungen und Erschöpfung. Werden sie abrupt abgesetzt, versucht der Körper, den REM-Schlaf nachzuholen, die Träume sind dann oft so lebhaft, daß erneut Schlafstörungen auftreten. Die nächste Tablette wird eingenommen, der Kreislauf einer möglichen Suchtentwicklung hat sich geschlossen.

In hohen Dosierungen, vor allem gespritzt, verwendet man sie in der Schulmedizin für Kurzzeitnarkosen bei kleineren Operationen oder zur Narkoseeinleitung.

Aufgrund ihrer krampflösenden Eigenschaft werden sie außerdem als Mittel gegen Krampfanfälle angewendet.

Werden Barbiturate chronisch mißbraucht, verändert sich die Wirkung. Es entwickelt sich eine Toleranz, das heißt, die Dosis muß gesteigert werden, um den gleichen psychischen Effekt auszulösen. Besonders gefährlich ist dabei, daß die tödliche Dosis trotz körperlicher

Gewöhnung die gleiche bleibt, das heißt, die Dosis kann nicht unendlich gesteigert werden, eine Tablette zuviel kann tödlich sein. Die meisten Barbiturate werden sehr langsam abgebaut, was die Gefahr einer Überdosis noch verstärkt. Auch wenn kein Alkohol getrunken wird, steigt gleichzeitig die Toleranz gegenüber Alkohol (sogenannte Kreuztoleranz). Es wird also mehr Alkohol vertragen. Die gleichzeitige Einnahme von Alkohol und Barbituraten verstärkt allerdings die gefährlichen Nebenwirkungen, vor allem die Atemlähmung, die ohne medizinische Behandlung tödlich enden kann.

Bei chronischem Gebrauch in hohen Dosen machen die Barbiturate nicht mehr schläfrig, sondern euphorisch. Das macht sie für Heroinabhängige interessant als Zusatz zu dem schlechten Straßenheroin, um trotzdem noch einen «Kick» zu bekommen oder als Überbrückungsmittel, wenn sie kein Heroin haben.

Barbiturate machen körperlich und psychisch abhängig. Die Entzugssymptome sind heftig und ähneln denen des Alkoholentzuges. Die Symptome setzen erst nach einigen Tagen ein (6–10), sind meistens sehr heftig und können Wochen anhalten. Barbiturate sind im Entzug so gefährlich, daß man sie entweder langsam herunterdosieren muß oder vergleichbare Medikamente zum Entzug einsetzt. Ein Barbituratentzug ist wesentlich heftiger und langwieriger als ein Opiatentzug und kann ohne medizinische Therapie tödlich enden. Barbiturate sollten deshalb bei Abhängigen nie abrupt abgesetzt werden!

Entzugssymptome: Krampfanfälle
Angst, Unruhe, Reizbarkeit auf allen Ebenen
Gangstörungen und Zittern, Schweißausbrüche
Psychosen mit Halluzinationen
Bewußtlosigkeit bis zum Koma
Herz-Kreislauf-Versagen und Tod

Symptome bei Überdosis: Bewußtlosigkeit bis Koma
Atemlähmung
Schock
Unterkühlung
Unterschiedlich weite Pupillen

Chronischer Mißbrauch führt zum Nachlassen der intellektuellen Fähigkeiten und der Konzentration, Gedächtnisverlust, verwaschener Sprache, Bewegungsunsicherheit, Reizbarkeit, emotionaler Labilität, Depressionen, Halluzinationen und chronischen Schlafstörungen. Chronisch Barbituratabhängige wirken viel stärker zerstört als Heroinabhängige und verändern sich einschneidender in ihrer Persönlichkeitsstruktur.

Beliebte Barbiturate in der Drogenszene: Speda
Medinox

Wirkungsweise der Benzodiazepine

Benzodiazepine ähneln den Barbituraten in einigen Punkten. Sie wirken ebenfalls beruhigend, schlaffördernd und krampflösend. Die beruhigende Wirkung geht aber nicht unbedingt (dosisabhängig) mit Schläfrigkeit einher, außerdem sind sie stärker angstlösend und in normaler Dosierung aggressionshemmend. Die schlaffördernde Wirkung ist ebenfalls anders. Benzodiazepine führen bei normaler Dosis keinen künstlichen Schlaf herbei, sondern helfen nur durch ihre entspannende und beruhigende Wirkung dabei, einzuschlafen. Sie unterdrücken auch den REM-Schlaf nicht so stark wie Barbiturate. Setzt man sie ab, führen sie aber ebenfalls zu Schlafstörungen, womit wieder eine erhebliche Suchtgefahr verbunden ist. «Ohne Benzo geht die Mamma nie ins Bett» (frei nach: «Ohne Krimi geht die Mimmi nie ins Bett»). Darüber hinaus wirken sie muskelentspannend. Ein Effekt, den die Schulmedizin zum Beispiel bei einer Magenspiegelung nutzt. Die Muskulatur erschlafft, so daß der Schlauch leichter und schneller in den Magen geschoben werden kann, gleichzeitig wird der Patient leicht schläfrig und hat nicht mehr soviel Angst.

Benzodiazepine machen körperlich und psychisch abhängig. Bei chronischem Gebrauch kommt es zu einer Toleranzentwicklung, die Dosis muß für den gleichen Effekt gesteigert werden. Die Gefahr einer tödlichen Überdosierung ist allerdings längst nicht so groß wie bei den Barbituraten, zumindest wenn sie alleine konsumiert werden.

In der Kombination mit Alkohol, Barbituraten oder Heroin können sie wegen der Verstärkung der Atemlähmung allerdings wieder tödlich wirken.

Als Nebenwirkungen treten Konzentrationsschwäche, Gleichgültigkeit, Müdigkeit, Abnahme des Reaktionsvermögens (man schätzt, daß heutzutage bei jedem 5. Autounfall Benzodiazepine eine Rolle gespielt haben), Abnahme der Leistungsfähigkeit, Gedächtnislücken, Suchtentwicklung, «hang-over» (unerwünschte Müdigkeit und Konzentrationsschwäche) am nächsten Morgen. Außerdem sogenannte paradoxe Reaktionen, das heißt, es kommt statt zu Entspannung und Angstlösung zu aggressiven Ausbrüchen und Erregungszuständen.

In der illegalen Drogenszene werden Benzodiazepine zum Überbrücken von Versorgungslücken und zur Verstärkung des Heroineffektes eingesetzt. Früher war es überwiegend Valium, heute wird fast ausschließlich Rohypnol, Szenejargon «Rosch», das 1982 von Hoffmann-La Roche auf den Markt gebracht wurde, konsumiert. Rohypnol eignet sich besonders gut als zusätzliche Droge, weil es sehr schnell eine hohe Wirkstoffkonzentration im Gehirn erreicht und damit einen «Kick» auslösen kann, der dem des Heroins ähnlich ist. Die Konzentration sinkt allerdings auch schnell wieder ab, so daß das Vergnügen nur von kurzer Dauer ist. Diese Wirkung kann noch dadurch verstärkt werden, daß die Tabletten aufgelöst (man kann nicht alle Tablettenarten auflösen, bei Rohypnol zum Beispiel geht es besonders gut) und zusammen mit Heroin als sogenannter «Cocktail» gespritzt werden. Auf diese Weise kann man sich selbst mit schlechtem Straßenheroin noch einen «Kick» verschaffen.

Rohypnol ist aus eben diesen Gründen sehr beliebt in der Heroinszene, aber auch sehr gefährlich. Es kann in der Kombination mit Heroin schnell zur tödlichen Droge werden. Es verstärkt die Atemlähmung und führt zu Minuten bis Tagen andauernden Gedächtnislücken. So kann es passieren, daß eine Fixerin nach einem «Cocktail» vergißt, daß sie sich soeben einen «Druck» gemacht hat, und setzt sich den nächsten «Schuß», eventuell die tödliche Überdosis. Der Kontrollverlust ist enorm, verstärkt durch die muskelentspannende

Wirkung. Die Folge sind torkelnde Fixerinnen und Fixer mit hängenden Armen und eingeknickten Knien, die minutenlang in völlig unnatürlichen Positionen mitten im tosenden Straßenverkehr tiefen Schlafanfällen erliegen oder während des Essens mit dem Kopf in den Spaghetti Bolognese landen (akute Erstickungsgefahr!).

Reine Heroinkonsumentinnen und Heroinkonsumenten verlieren in der Regel nicht derartig massiv die Kontrolle (siehe auch den Abschnitt über Mischkonsum).

Eine weitere Gefahr von Rohypnol sind die sogenannten paradoxen Reaktionen. Ein ansonsten völlig friedlicher und ausgesprochen liebenswerter Patient ist mir unter Rohypnoleinfluß einmal fast «an die Gurgel gegangen», weil ich ihm kein Rezept über Rohypnol ausstellen wollte. Nur mit der Hilfe anderer Mitarbeiterinnen und Mitarbeiter konnte er davon abgehalten werden, mich zu würgen. Als ich ihn einige Tage später darauf ansprach, erinnerte er sich an nichts mehr, er hatte insgesamt eine Gedächtnislücke von 3 Tagen! Es war ihm alles sehr peinlich, und er konnte sich weder vorstellen, mich angegriffen zu haben noch Rohypnol von mir verlangt zu haben.

Andere Rohypnolwirkungen sind: reden ohne Punkt und Komma, Halluzinationen, Orientierungsverlust bezüglich der eigenen Person, von Zeit und Ort.

Entzugssymptome: Schlafstörungen, Schwitzen, Zittern
Kopfschmerzen, Herzklopfen, Schwindel
Bauchschmerzen
Krampfanfälle
Delir
Psychosen
Erregtheit, depressive Verstimmungen
Konzentrationsstörungen, Gedächtnisstörungen
Angstgefühle bis hin zu Panik, schwere Alpträume

Symptome bei Überdosis: Schläfrigkeit
Muskelerschlaffung (Zurückfallen der Zunge kann zum Erstickungstod führen!)

Schwindel, Gangunsicherheit bis zur völligen
Unfähigkeit
Verwaschene Sprache
Atemlähmung bis Atemstillstand

Der Entzug von Benzodiazepinen kann sehr heftig, gefährlich und langwierig sein und beginnt erst einige Tage nach dem Absetzen. Einige Symptome können noch Monate anhalten. Als Besonderheit des Benzodiazepinentzuges kann bei abruptem Absetzen außerdem noch ein sogenannter Rebound-Effekt eintreten. Das heißt, ohne die weitere Einnahme von Benzodiazepinen läßt die Wirkung nicht nach, sondern ist heftiger, als sie es vorher war. So eine überschießende Reaktion, die man sich als eine Art «Nachholeffekt» des Körpers vorstellen muß, kann einen sehr gefährlichen Rauschzustand hervorrufen, der einer Überdosis ähnelt und medizinisch behandelt werden muß.

Genau wie bei Barbituraten ist ein medikamentengestützter Entzug mit medizinischer Betreuung notwendig.

Abruptes Absetzen der Benzodiazepine sollte deswegen unbedingt vermieden werden.

Beliebte Benzodiazepine in der Drogenszene: Rohypnol
Fluninoc
Diazepam
Norkotral

LSD (Lysergsäure-diäthylamid 25)

Geschichte

Lysergsäure ist der Grundbaustein der Mutterkornalkaloide. Mutterkorn ist ein Schmarotzerpilz, der sich auf Getreiden und Gräsern einnistet. Ganze Ernten können dadurch verdorben werden. Durch den Genuß verdorbenen Getreides kam es manchmal zu epidemieartigen Mutterkornvergiftungen mit Krämpfen und Durchblutungsstörungen, Verwirrtheitszuständen und Fehlgeburten. Im Mittelalter wurden diese Epidemien Antoniusfeuer genannt. Mutterkorn wird seit dem Mittelalter als Arznei benutzt, vor allem als Wehenmittel, und gehört zu den traditionellen «Hexenmitteln». Die meisten «Hexen» waren Hebammen, da den Männern die Geburtshilfe untersagt war. Erst nach der großen Welle der «Hexenverbrennung» wurden Männer zu Geburtshelfern und Ärzten ausgebildet, mit oft geringen Kenntnissen, weil das Wissen der weisen Frauen als «Hexerei» tabu war. Das erklärt vielleicht auch die Mythen, «Hexen» würden Neugeborene essen, schließlich gab es damals wie heute Totgeburten. Die Schulmedizin verwendet heute noch Abkömmlinge des Mutterkorns, um Nachgeburtsblutungen zu stillen.

Die Firma Sandoz in Basel beforschte Anfang des 20. Jahrhunderts systematisch die Mutterkornalkaloide in der Hoffnung, ein Kreislauf und Atmung stimulierendes Mittel zu entdecken. 1938 synthetisierte Albert Hofmann das erste Mal LSD-25 (der 25. Versuch in dieser Reihe). Die Substanz erwies sich als wirkungslos. 5 Jahre später stellte er trotzdem noch einmal LSD her, da er sich von der Substanz mehr erhofft hatte. Während des Experimentierens wurde er durch «ungewöhnliche Empfindungen gestört» und mußte nach Hause fahren. Er erlebte «einen nicht unangenehmen rauschartigen Zustand, der sich durch eine äußerst angeregte Phantasie kennzeichnete.» Einige Tage später löste er 0.25 mg LSD in Wasser und schluckte es, weil er sichergehen wollte, daß LSD diesen Zustand ausgelöst hatte. Er erlebte einen «Horrortrip», er hatte eine viel zu hohe Dosis genommen.

Sandoz brachte LSD unter dem Namen Delysid auf den Markt. Psychiater begannen, in Psychotherapien mit LSD zu experimentieren, sie wollten experimentelle Psychosen erzeugen. Nach dem 2. Weltkrieg setzte eine wahre LSD-Therapiewelle in den USA ein, die in den sechziger Jahren auch die BRD erreichte. Man wollte mit Hilfe des LSD einen leichteren Zugang zum Unbewußten erreichen. Die Erfolge waren zweifelhaft.

1966 wurde LSD verboten und in vielen Ländern als gefährliches

Rauschgift eingestuft. Nach dem Verbot entdeckte es die Hippiebewegung als «bewußtseinserweiternde» Droge.

Wirkungsweise von LSD

LSD ist ein halbsynthetisch hergestelltes Rauschmittel. Es wird in Form winziger Tabletten oder kleiner, mit LSD getränkter Löschpapierstückchen oder ähnlichem angeboten. Es wird fast ausschließlich geschluckt, obwohl es auch gespritzt werden kann.

LSD macht nicht körperlich abhängig, obwohl bei regelmäßigem Konsum größere Mengen vertragen werden. Die Gefahr einer psychischen Abhängigkeit ist kaum vorhanden, da die Attraktivität von LSD mit ständiger Einnahme nachläßt, die Erlebnisse im Rausch sind nicht mehr so einzigartig. Außerdem spielt die Umgebung und die Erwartungshaltung der Konsumentinnen und Konsumenten eine sehr große Rolle für das Erleben im Rausch. Wenn LSD in Gemeinschaft mit anderen konsumiert wird und die Einnahme der Trips mit Ritualen verbunden ist (Räucherkerzen, psychedelische Musik in den sechziger und siebziger Jahren, verbunden mit der Erwartung einer positiven Bewußtseinserweiterung) und die Dosis nicht zu hoch ist, kommt es fast nie zu Horrortrips. Ausgenommen sind davon allerdings Psychotiker und Menschen, die zu psychotischen Reaktionen oder starken Depressionen neigen.

Durch die Produktion in Schwarzlaboren ist den Konsumentinnen und Konsumenten heute die Konzentration meistens unbekannt, weil das LSD mit anderen Substanzen verunreinigt ist. Illegalität und Verteufelung von LSD führt häufiger zu einer ängstlich-gespannten Erwartungshaltung, es wird weniger in Gruppen konsumiert, die soziale und subkulturelle Einbindung fällt weg. Die Wahrscheinlichkeit von Horrortrips und Unfällen durch Fehleinschätzungen, wenn jemand zum Beispiel meint, er könne fliegen, und will aus dem Fenster springen (passiert extrem selten), steigt. In der heutigen illegalen Drogenszene spielt LSD kaum noch eine Rolle.

Was passiert aber nun eigentlich in einem LSD-Rausch?

Etwa 20–60 Minuten nach der Einnahme beginnt der Rauschzustand mit sogenannten Pseudohalluzinationen, das heißt, es werden Dinge gesehen, die nicht da sind, die Person weiß aber gleichzeitig, daß ihre Wahrnehmung verzerrt ist. Bei echten Halluzinationen kann man nicht mehr zwischen Trugbild und Realität unterscheiden. Töne und Geräusche werden als Bilder gesehen, farbige Nebel oder Formen schwirren durch die Luft, Farben werden sehr intensiv, gewöhnliche Alltagsgegenstände werden plötzlich hochinteressant, weil sie anders wahrgenommen werden, vergleichbar einem Kind, das die Welt entdeckt, usw. Bei einem Horrortrip sind die Visionen von Angst und Schrecken geprägt, es können echte Halluzinationen auftreten, vor allem bei Überdosierung. Der Rausch hält je nach Dosis mehrere Stunden an.

Als Beispiel für einen LSD-Rausch Auszüge aus dem Bericht von Albert Hofmann, nachdem er eine sehr hohe Dosis LSD genommen hatte (zitiert aus Schmidtbauer / v. Scheidt, Ffm. 1992, S. 214–216).

Es begann mit einem Horrortrip: «... Beginnender Schwindel, Angstgefühl, Sehstörungen, Lähmungen, Lachreiz. ... Meine Umgebung hatte sich in beängstigender Weise verwandelt. Alles im Raum drehte sich, und die vertrauten Gegenstände und Möbelstücke nahmen groteske, meist bedrohliche Formen an. Sie waren in dauernder Bewegung, wie belebt, wie von innerer Unruhe erfüllt. ... Aber schlimmer als diese Verwandlungen der Außenwelt ins Groteske waren die Veränderungen, die ich in mir selbst, an meinem inneren Wesen, verspürte. ... Ein Dämon war in mich eingedrungen und hatte von meinem Körper, von meinen Sinnen und von meiner Seele Besitz ergriffen. Ich sprang auf und schrie, um mich von ihm zu befreien, sank dann aber wieder machtlos auf das Sofa. ... Eine furchtbare Angst, wahnsinnig geworden zu sein, packte mich. Ich war in eine andere Welt geraten, in andere Räume mit anderer Zeit. Mein Körper schien mir gefühllos, leblos, fremd. Lag ich im Sterben? War das der Übergang? Zeitweise glaubte ich außerhalb meines Körpers zu sein und erkannte dann klar, wie ein außenstehender Beobachter, die ganze Tragik meiner Lage ...

Der Höhepunkt meines verzweifelten Zustandes war bereits überschritten, als der Arzt eintraf. ... Puls, Blutdruck und Atmung waren normal. Er verabfolgte daher keine Medikamente, trug mich ins Schlafzimmer und wachte an meinem Bett. Langsam kam ich nun wieder aus einer unheimlich fremdartigen Welt zurück in die vertraute Alltagswirklichkeit. Der Schrecken wich und machte einem Gefühl des Glücks und der Dankbarkeit Platz, je mehr normales Fühlen und Denken zurückkehrte, und die Gewißheit wuchs, daß ich der Gefahr des Wahnsinns endgültig entronnen war.

Jetzt begann ich endlich das unerhörte Farben- und Formenspiel zu genießen, das hinter meinen geschlossenen Augen andauerte. Kaleidoskopartig sich verändernd drangen bunte, phantastische Gebilde auf mich ein, in Kreisen und Spiralen sich öffnend und wieder schließend, in Farbfontänen zersprühend, sich neu ordnend und kreuzend, in ständigem Fluß. Besonders merkwürdig war, wie alle akustischen Wahrnehmungen, etwa das Geräusch einer Türklinke oder eines vorbeifahrenden Autos, sich in optische Empfindungen verwandelten. Jeder Laut erzeugte ein in Form und Farbe entsprechendes, lebendig wechselndes Bild...»

Dieser Bericht zeigt deutlich, wie abhängig der Rausch von der Erwartung (Angst wegen unbekannter Wirkung), der Dosis (Überdosis mit Vergiftungserscheinungen) und der Umgebung ist (der Arzt ist da, beruhigt ihn, kümmert sich, wacht an seinem Bett, die Angst schwindet, und er kann die Erscheinungen genießen).

Auf körperlicher Ebene kann es zu Gangunsicherheit, leichtem Brechreiz, Schwindel, Hitze- oder Kältegefühl und Schweißausbrüchen kommen. Meßbar vergrößern sich die Pupillen, die Körpertemperatur steigt, Herzschlag und Atmung werden schneller, der Blutdruck steigt.

LSD ist auf körperlicher Ebene eine relativ ungefährliche Droge, wenn Überdosierungen vermieden werden. Auf psychischer Ebene sind die Risiken abhängig von Dosis, Umgebung, Person und Erwartungshaltung. Es kommt nicht zu einer psychischen Abhängigkeit im eigentlichen Sinne. Wie bei Cannabis kann es auch Monate nach der letzten Einnahme noch zu sogenannten Flashbacks kommen, das heißt zu rauschähnlichen Zuständen ohne erneute Drogeneinnahme. Diese Flashbacks scheinen aber auch situativ bedingt zu sein. Wenn ein Konsument sich zum Beispiel in einer Situation befindet, welche der ähnelt, in der der Rausch erlebt wurde, scheint es besonders leicht zu einer erneuten Aktivierung (flash-back) zu kommen.

Entzugssymptome: Sind bei LSD nicht beschrieben wegen der fehlenden Abhängigkeitsentwicklung

Symptome bei Überdosis: Weite Pupillen
Blutdruck steigt, Puls wird schneller (später Blutdruckabfall!)

Kältegefühl, Zittern, Schwindel
Erbrechen
«Horrortrip»
Gefäßkrämpfe mit Gefäßverschluß
Kreislaufzusammenbruch, Atemlähmung

Ecstasy / XTC (MDMA)

Geschichte

Ecstasy gehört zu den sogenannten Designer-Drogen. Das sind im Labor entwickelte und künstlich hergestellte Drogen, die keine natürlichen Stoffe enthalten. Sie werden in ihrer Wirkung «designed» (zum Beispiel ob eine mehr aufputschende oder eine mehr halluzinogene Droge gewünscht wird). Wegen der Herstellung in Schwarzlaboren schwanken Zusammensetzung und Konzentration der Drogen erheblich. Folglich ist die Wirkung meistens alles andere als gut kalkulierbar, und die Drogen sind auch nicht besonders rein, wie es die Herstellung in einem Chemielabor erst einmal suggeriert. Viele Designerdrogen sind entwickelt worden, um das Betäubungsmittelgesetz zu umgehen.

MDMA wurde 1914 von einer deutschen Pharmafirma als Appetitzügler entwickelt, kam aber wegen mangelnder Wirksamkeit nie auf den Markt. In den sechziger Jahren wurde es – vor allem in den USA – bei Psychotherapien eingesetzt, nachdem LSD verboten war. Man wollte durch den Einsatz halluzinogener Drogen den Zugang zum Unbewußten erleichtern, Verdrängtes sollte besser erinnert werden. 1985 wurde MDMA wegen seiner gehirnschädigenden Wirkung und seines Suchtpotentials verboten. Danach tauchte MDMA unter dem neuen Namen Ecstasy oder abgekürzt XTC verstärkt wieder auf dem Schwarzmarkt auf. Während es vorher überwiegend in esoterischen Kreisen konsumiert wurde, ist es heute in Discos und auf Technoparties sehr beliebt. Tanzen «bis zum Umfallen» und «gut drauf sein» ist die Devise.

Wirkung von Ecstasy

Ecstasy gibt es als Pulver oder in Tablettenform, in unterschiedlichen Farben und Größen. Es ist also fast unmöglich zu wissen, ob es sich wirklich um Ecstasy handelt, von der Konzentration ganz zu schweigen.

Etwa 30–60 Minuten nach der Einnahme setzt die Wirkung ein. Der Blutdruck steigt, der Puls wird schneller, die Haut kribbelt, die Körpertemperatur erhöht sich, man schwitzt mehr, die Pupillen werden weit.

Die psychische Wirkung ist stark von der Umgebung und der persönlichen Verfassung abhängig. Menschen, die unter Depressionen oder Psychosen leiden, herzkrank oder zuckerkrank sind, hohen Blutdruck oder epileptische Anfälle haben, sollten Ecstasy nicht einnehmen. Das gleiche gilt für Schwangere und Menschen, die regelmäßig Medikamente nehmen müssen. Generell ist eine Kombination mit anderen Drogen, auch Alkohol, sehr gefährlich. Wenn Ecstasy niedrig dosiert wird, hat es eine milde Wirkung. Es kann entspannen und Gefühle von Euphorie, Glück, Wärme, Liebe und unerschöpflicher Energie vermitteln. Das Erleben wird intensiver, Hemmungen werden abgebaut. Nach 2–4 Stunden klingt die Wirkung ab, und Müdigkeit tritt auf, die bis zu 24 Stunden anhalten kann. Diese angenehmen Gefühle sind aber wie gesagt von Umgebung, Verfassung und Dosis abhängig. Je höher die Dosis, desto öfter treten unangenehme oder gefährliche Nebenwirkungen auf. Manchmal wird die Atmung schneller, Arme, Beine und Kiefer können steif werden. Manchen wird am Anfang übel, und sie müssen sich übergeben oder ihnen wird schwindlig. Es kann zu Herzrasen und Herzstolpern kommen, Panik und unangenehmen Halluzinationen.

Dauergebrauch verändert die Wirkung ebenfalls. Statt angenehmer Entspannung tritt Anspannung, verbunden mit einem Gefühl von innerer Erschöpfung und Schlaflosigkeit auf. Ecstasy macht nicht körperlich abhängig und wird meistens nur gelegentlich konsumiert. Trotzdem kann Ecstasy auch bei gelegentlichem Konsum in geringer Dosierung gefährlich sein, manchmal sogar tödlich! Es sind mehrfach

Todesfälle in überfüllten Discotheken beschrieben worden. Da Ecstasy den Körper stark überwärmt, kann es bei langem Tanzen in überfüllten, heißen Räumen und starkem Schwitzen in Verbindung mit geringer Flüssigkeitszufuhr zu einer lebensgefährlichen Überwärmung kommen mit Temperaturen über 40 °C, Herzrasen, Bluthochdruck, Nierenversagen, Magen-Darm-Blutungen, Krämpfen, Bewußtlosigkeit und Leberschäden (Die Leber kann so geschädigt werden, daß eine Transplantation notwendig wird). Der körperliche Zusammenbruch kann auch noch Stunden nach der Drogeneinnahme auftreten.

Über die Schäden bei Dauerkonsum ist bis jetzt wenig bekannt. Es wird vermutet, daß Ecstasy das Gehirn schädigt und Depressionen hervorrufen kann, weil es die körpereigene Produktion von Serotonin hemmt, möglicherweise sogar unwiederbringlich. Zu wenig bzw. fehlendes Serotonin wird für die Entstehung von Depressionen verantwortlich gemacht. Sicher ist, wenn jemand ständig aufputschende Drogen zu sich nimmt, schwächt das auf Dauer die körpereigene Abwehr, und die Anfälligkeit für Infekte steigt.

Entzugssymptome: Depressive Verstimmungen
Erschöpfung
Keine körperlichen Entzugssymptome

Symptome bei Überdosis: Atmung wird schneller
Arme, Beine und Kiefer können steif werden
Krämpfe
Übelkeit und Erbrechen
Schwindel, Bewußtlosigkeit
Herzrasen, Herzstolpern, Bluthochdruck
Halluzinationen, Panikgefühle
Lebensgefährliche Überwärmung des Körpers

Gefahren des Mischkonsums verschiedener Drogen

Der Rauschgiftkonsum hat sich in der illegalen Heroinszene seit den sechziger Jahren stark verändert. Reine Heroinkonsumentinnen und Heroinkonsumenten sind selten geworden, viele sind polytoxikoman, das heißt, sie nehmen zusätzlich andere Drogen. Die häufigsten Zusatzdrogen sind Benzodiazepine, Barbiturate, Kokain, Cannabis und Alkohol. Die Gründe für diese Entwicklung sind sicher zum Teil in der Kriminalisierung der «Szene» zu suchen. Kriminalisierung schafft erhöhten Beschaffungsdruck, stärkere Verelendung und einen professionelleren Schwarzmarkt mit veränderten Marktgesetzen (Preise, Stoffqualität, Menge der auf dem Markt vorhandenen Drogen...). Wie schon im Heroinkapitel beschrieben, ist der Heroingehalt des «Straßenheroins» mittlerweile so schlecht, daß es schwierig ist, überhaupt noch einen «Kick» zu bekommen. Außerdem läßt die Wirkung schneller nach, das heißt, es muß öfter nachgespritzt werden, sechs- bis siebenmal «drücken» pro Tag ist keine Seltenheit. Die Angst vor dem «Affen» (Entzugserscheinungen) wächst. Die Drogenkonsumentinnen und Drogenkonsumenten versuchen, diesen Mangel mit anderen Drogen auszugleichen.

«Benzos» (Benzodiazepine) und «Barbis» (Barbiturate) sind billiger als Heroin und werden deshalb zur Überbrückung bei beginnendem Entzug benutzt oder zusätzlich konsumiert, um schlechtes Straßenheroin «aufzuwerten» und trotz des geringen Heroingehaltes noch einen «Kick» zu bekommen. Mit Rohypnol («Rosch») läßt sich am besten ein «Kick» auslösen.

Kokain ist durch vermehrten «Import» in die BRD billiger geworden und hat somit Eingang in die illegale Drogenszene gefunden. Es kann als «Fitmacher» eingesetzt werden und verstärkt ebenfalls den Heroineffekt.

Cannabis ist eine vergleichsweise billige Droge und verstärkt ebenfalls den Rauschzustand. Alkohol ist als legale Droge einfach zu beschaffen und hat einen ähnlichen Effekt.

Je mehr verschiedene Drogen ein Mensch konsumiert, um so unberechenbarer wird die Rauschwirkung. Dauer, Tiefe und Nebenwirkungen des Rausches sind schwerer einzuschätzen, da die einzelnen Substanzen sich teilweise in ihren Wirkungen bzw. Nebenwirkungen verstärken, teilweise abschwächen, teilweise neue Wirkungen ergeben. Die Gefahr einer gefährlichen Vergiftung oder anderer schädlicher Nebenwirkungen steigt enorm.

Als Beispiel die Atemlähmung. Alle Opiate (Heroin, Methadon...) lähmen, abhängig von der Dosis, der Substanz und der Gewöhnung (Toleranz) der Konsumentin, die Atmung. Alkohol, Benzodiazepine und Barbiturate verstärken diese unerwünschte Nebenwirkung. Die Gefahr eines tödlichen Atemstillstandes wächst.

Benzodiazepine zum Beispiel lassen die Muskulatur erschlaffen. Nimmt jemand zusätzlich zum Heroin zum Beispiel Rohypnol und schläft vor einer Heizsonne ein, kann das heftige Verbrennungen zur Folge haben, die bis auf den Knochen gehen. Die Muskelerschlaffung führt dazu, daß die normalen Fluchtreflexe des Körpers (zu heiß = wegbewegen) nicht mehr funktionieren und der/die Drogenabhängige erst aufwacht, wenn die Schmerzen so stark geworden sind, daß sie die schmerzstillende Wirkung des Heroins übertreffen. Mit reinem Heroin wäre das nicht passiert! Wenn derjenige nun auch noch mit übereinandergeschlagenen Beinen «eingeschlafen» («weggenickt») ist und durch die Muskelerschlaffung die Beine nicht mehr bewegt (im natürlichen Schlaf bewegen wir uns immer, so daß das nicht passieren kann), können durch den permanenten schlaffen Druck Nerven und Muskeln dauerhaft geschädigt werden. Muskulatur kann wegfaulen, der Nerv absterben, Lähmungen können die Folge sein. Mit Heroin alleine...

Drogennotfälle

Bei den meisten Drogennotfällen durch Überdosierung handelt es sich um Mischintoxikationen (Vergiftungen) mit mehreren Drogen, weil es kaum noch reine Heroinkonsumentinnen und Heroinkonsumenten gibt. Außerdem erhöht sich durch den Mischkonsum ver-

schiedener Drogen die Wahrscheinlichkeit einer Überdosis. Mischintoxikationen sind schwieriger zu behandeln als eine reine Heroinüberdosis und beim bewußtlosen Patienten kaum zu unterscheiden. Andere häufige Drogennotfälle sind Krampfanfälle, allergische Reaktionen und Erregungszustände.

Für medizinische Laien ist es schwierig, einen Drogennotfall richtig
einzuschätzen. Holen Sie sich auf jeden Fall ärztliche Hilfe! Darüber
hinaus ist ein Kursus in Erster Hilfe für Sie eine Unterstützung. Es ist
beruhigend zu wissen, daß man selber etwas tun kann, bis der Rettungswagen kommt. In den Kursen erlernen Sie nicht nur Techniken,
wie zum Beispiel künstliche Beatmung, sondern auch ein systemati-
sches Vorgehen in Notfällen (Was muß zuerst getan werden? Wie
können Aufgaben verteilt werden, wenn mehrere Personen anwesend
sind?) Hilfe in Notfällen scheitert häufig daran, daß – aus der verständ-
lichen Angst heraus, etwas Falsches zu tun – mehrere Menschen taten-
los um einen Bewußtlosen herumstehen. Es ist sinnvoll, die Kurse in
größeren Abständen zu wiederholen, um sich sicherer zu fühlen.

Die folgenden Hinweise zur Notfallbehandlung können und sollen
Erste Hilfe-Kurse nicht ersetzen, gehen aber auf einige Besonderheiten von Drogennotfällen ein.

Was Sie immer tun können:

Versuchen Sie, ruhig zu bleiben, und fragen Sie, ob jemand in der
Nähe ist, der sich mit der Behandlung von Notfällen auskennt.

Wenn Sie unsicher sind, rufen Sie sofort einen Rettungswagen:
Tel. 112

Holen Sie, wenn möglich, Informationen über den Notfall ein.
Was ist passiert? – Ist die Person verletzt?

> Ist sie krank?
>
> Gibt es Hinweise auf Drogenkonsum? (zum Bei-
> spiel Flaschen, Spritzen, leere Tablettenschach-
> teln)
>
> Welche Drogen wurden eingenommen? (Heroin,
> Kokain, Tabletten, Alkohol...)

Wie viele Drogen wurden eingenommen?
Wann wurden die Drogen eingenommen?
Wie wurden die Drogen eingenommen?
(gespritzt, geraucht, getrunken?)
Fragen Sie auch Umstehende, vielleicht weiß jemand, was vorgefallen ist, und traut sich nur nicht, etwas zu sagen.
Diese Informationen sind wichtige Hinweise für den behandelnden Notarzt.

Ausnahme

Ist der Zustand lebensbedrohlich (Atemstillstand, Herzstillstand...), rufen Sie *sofort* den Rettungswagen an, und beginnen Sie *sofort* mit Wiederbelebungsversuchen (wenn Sie darin bewandert sind), unabhängig davon, ob Sie die Ursache kennen, da sie *immer* in der gleichen Weise durchgeführt werden.

Bewußtlosigkeit

Zur Bewußtlosigkeit siehe Heroinüberdosis.
● Rufen Sie einen Rettungswagen: Tel. 112!
● Versuchen Sie nicht, Salzwasser zu spritzen! In der Drogenszene hält sich hartnäckig das Gerücht, man könne damit jemanden aus der Bewußtlosigkeit retten. Das ist nicht nur falsch, sondern kann sogar tödlich sein!

Krampfanfälle

Wenn jemand einen Krampfanfall bekommt, werden die Muskeln starr, Arme, Beine und Kopf können unwillkürlich zucken, häufig läuft Speichel aus dem Mund, die Augen rollen nach oben in den Kopf, manchmal verliert die Person die Kontrolle über Urin- und Stuhlabgang.
● Legen Sie ein Kissen o. ä. unter den Kopf der Person, und schützen Sie sie vor Verletzungen, indem Sie zum Beispiel die Möbel beiseite räumen. Entfernen Sie Zahnersatz (Erstickungsgefahr!) und andere Dinge, die behindern oder einengen.

- Stecken Sie der Person nie einen harten Gegenstand, zum Beispiel Metalllöffel in den Mund (Zähne können abbrechen)!
- Versuchen Sie nicht, die Person mit Gewalt festzuhalten (Verletzungsgefahr der Krampfenden)!
- Ist der Krampfanfall nach ein paar Sekunden vorbei, legen Sie die Person in die stabile Seitenlage, und sorgen Sie für eine ärztliche Nachuntersuchung.
- Hört der Krampfanfall nicht auf, rufen Sie einen Rettungswagen: Tel. 112!
- Kommt die Atmung zum Stillstand, fangen Sie an zu beatmen!

Erregungszustände und Hyperventilation

Wenn jemand unter Drogeneinfluß, zum Beispiel Kokain, LSD, panisch wird, versuchen Sie, die Person zu beruhigen. Sorgen Sie für eine möglichst ruhige Umgebung (wenig Licht, Geräusche, Menschen), und haben Sie Geduld.
- Manchmal kann die Erregung dazu führen, daß die Person hektisch tief ein- und ausatmet und das Gefühl hat, nicht genügend Luft zu bekommen (Hyperventilation). Lippen, Beine und Finger fühlen sich taub an und kribbeln. Eventuell verkrampfen sich die Hände. Beruhigen Sie die Person, und leiten Sie sie zu ruhiger und weniger tiefer Atmung an. Machen Sie ihr das richtige Atmen vor!
- Messen Sie bei einer erregten Person den Puls nie am Hals! Sie könnte in so einem Zustand eine Berührung am Hals als Bedrohung für ihr Leben empfinden.

«Shake»

Ein «Shake» ist eine Art allergische Reaktion auf Beimengungen in den Drogen (s. a. im Abschnitt über «Straßenheroin») oder Verunreinigungen der Utensilien (Spritzen, Löffel...), die für den Drogenkonsum gebraucht werden. Der «Shake» tritt meistens 10–30 Minuten nach dem letzten «Druck» auf und äußert sich in Zitteranfällen, starker Unruhe, eventuell verbunden mit hektischer Atmung (Hyperventilation, s. o.) und Rötung oder Bläschenbildung auf der Haut. Beruhigen Sie die Person, leiten Sie sie zur richtigen Atmung an, hüllen Sie sie in eine wärmende Decke, und geben Sie ihr etwas Warmes zu trinken, zum Beispiel gesüßten Kräutertee. Keinen schwarzen Tee oder Kaffee (steigert die Unruhe) oder Alkohol (Wechselwirkung mit anderen Drogen, eventuell Verstärkung der Atemlähmung).

● Wenn sich der Zustand innerhalb von 15 Minuten nicht bessert, rufen Sie den Rettungswagen: Tel. 112!

● Verschlechtert sich die Atmung, fangen Sie sofort mit Wiederbelebungsmaßnahmen an, und rufen Sie den Rettungswagen!

Was Sie nie tun sollten

Versuchen Sie nicht, die Person zum Erbrechen zu bringen, das kann bei einigen Substanzen, die Vergiftungen verursachen können, zu Atemproblemen führen!

● Geben Sie der Person nichts zu essen, weil sie sich sehr leicht verschlucken kann!

● Geben Sie ihr keinen Kaffee, Tee oder Alkohol zu trinken, wegen der möglichen Wechselwirkung mit anderen Drogen!

● Geben Sie keine Medikamente, auch keine Gegenmittel! Falsch eingesetzt können sie gefährliche bis tödliche Nebenwirkungen haben!

● Machen Sie keine Herzmassage – es sei denn, Sie sind sicher, daß das Herz nicht mehr schlägt! Falsch angewendet kann sie tödlich sein!

● Und zu guter Letzt noch einmal: Sie sollten sich ärztliche Hilfe holen!

Quelle für diesen Abschnitt «Drogennotfälle»: Erste Hilfe in Drogennotfällen – Ein Informationsplakat für den Umgang und Erste Hilfe mit «Drogennotfällen», zum Beispiel Überdosis.

Das Plakat ist zu beziehen über: Drob Inn
Kirchenallee 25
20099 Hamburg

Medizinische Behandlungsmöglichkeiten

Ersatzdrogen für Heroin: Methadon / Polamidon und Codeinpräparate

Zur Geschichte von Methadon

Die Farbwerke Hoechst widmeten ihre Forschung – bald nach der Gründung im Jahre 1863 – neben der Entwicklung von Farbstoffen der Entwicklung von Fieber- und Schmerzmitteln. Man wollte ein Medikament herstellen, das gleichzeitig stark schmerzstillend und krampflösend und möglichst wenig suchterzeugend sein sollte. Der Chemiker Erhart entdeckte in diesem Zusammenhang eine neue Gruppe schmerzstillender Mittel, zu denen auch Methadon gehört. Es wurde 1942 unter dem Namen «Amidon Hoechst 10820» zur Prüfung an Klinikpatienten freigegeben, da es in seiner schmerzstillenden Wirkung dem Morphin vergleichbar war und außerdem problemlos in Tabletten- und Tropfenform verabreicht werden konnte. 1945 beschlagnahmten die Amerikaner die Unterlagen der Farbwerke Hoechst, die Teil des IG-Farben-Konzerns waren, und enteigneten deren Patente für das Ausland. Daraufhin konnten amerikanische Firmen zu Spottpreisen die Herstellungsrechte erwerben. In den USA erhielt «Amidon Hoechst 10820» dann den Namen Methadon. Hoechst konnte Methadon 1949 unter dem Markennamen Polamidon auf den deutschen Markt bringen, da es die Inlandspatente behalten hatte. Methadon besteht zu jeweils 50 Prozent aus einer medizinisch wirksamen linksdrehenden Form (L-Methadon) und einer weitgehend medizinisch unwirksamen rechtsdrehenden Form (R-Methadon). Ende der fünfziger Jahre gelang es, die rechtsdrehende von der linksdrehenden Form zu trennen und damit das etwa doppelt so stark wirkende L-Methadon (Levomethadon) herzustellen. Seit 1965 stellt Hoechst nur noch L-Methadon unter dem Markennamen L-Polamidon her. 1974 wurde Methadon (also die Mischung der rechts- und linksdrehenden Form) in der BRD verboten, während L-Polamidon weiterhin verschreibungsfähig blieb. Aus diesem Grund wird bis jetzt in der BRD ausschließlich mit «Pola» (L-Polamidon) behandelt, während in allen anderen Ländern Methadon eingesetzt wird.

Da sich Methadon und L-Polamidon in ihrer Wirkung kaum unterscheiden, werde ich im folgenden Text immer von Methadon reden.

Was ist Substitutionsbehandlung, und wie funktioniert sie?

Substitution ist eine Behandlung mit Ersatzdrogen. Wie der Name schon sagt, handelt es sich bei den Ersatzmedikamenten um Stoffe, die ebenfalls körperlich abhängig machen. Man ersetzt eine Droge durch ein Medikament mit ähnlichen Eigenschaften, um Folgeschäden des illegalen Konsums und Entzugserscheinungen zu verhindern. Ich werde das am Beispiel Heroin – Methadon erläutern.

Wie schon weiter vorne im Heroinkapitel beschrieben, geht man davon aus, daß für die körperliche Abhängigkeit sogenannte Rezeptoren im Körper verantwortlich sind, die man sich wie Schlösser vorstellen kann, in die bestimmte Schlüssel passen. Häufig passen mehrere ähnliche Substanzen in so ein Schloß. Im Falle der Opiatrezeptoren zum Beispiel die körpereigenen Endorphine, aber auch Heroin, Morphin, Methadon, Codeinpräparate (Remedacen, DHC, Codeincompretten) und andere Opiate (künstlich hergestellte oder natürlich vorkommende). Wenn eine Heroinabhängige kein Heroin mehr konsumiert, sind diese Rezeptoren nach einiger Zeit leer (ohne Schlüssel) und warten gierig auf Nachschub: körperliche Entzugssymptome setzen ein, der nächste «Schuß» Heroin muß her, der Suchtkreislauf ist geschlossen.

Statt mit Heroin kann man die Rezeptoren aber auch mit Methadon «füttern» und damit die Entzugserscheinungen verhindern, wenn man eine ausreichende Menge zuführt. Die Rezeptoren sind dann sozusagen «satt». Damit sie «satt» bleiben, muß immer wieder Methadon eingenommen werden – sonst entstehen wieder Entzugserscheinungen. Die körperliche Abhängigkeit besteht also weiter, jetzt allerdings nicht mehr von Heroin, sondern von Methadon.

Nun kann man sich fragen, was macht das überhaupt für einen Sinn, da die körperliche Abhängigkeit ja weiter bestehen bleibt?

Methadon ist im Gegensatz zum Straßenheroin nicht verunreinigt, das heißt, man kann es genau dosieren (keine versehentliche Überdosierung), es sind keine Streckmittel zugesetzt, die körperliche Schäden nach sich ziehen können. Es ist länger wirksam als Heroin und muß deshalb nur einmal täglich eingenommen werden (Heroin muß mehrmals täglich «gedrückt» werden) und kann einfach mit Saft getrunken werden. Die Risiken und der Streß des «Drückens» (Wo kann ich mir einen «Druck» setzen, habe ich genug Heroin, bevor die Entzugserscheinungen einsetzen, ist das «Gift» sauber...) fallen weg. Es ist ein legales Medikament, der Beschaffungsdruck (Geld und Heroin «organisieren») und die damit häufig verbundene Kriminalität oder das «Anschaffen gehen» (Beschaffungsprostitution) entfallen. Junkie sein ist ein 24-Stunden-Job mit allen Folgeerscheinungen dieses körperlichen und seelischen Stresses. Das Denken und Handeln ist von der Drogenbeschaffung bestimmt, andere Interessen treten in den Hintergrund.

Methadon verringert diesen Streß erheblich, so daß wieder Platz für andere Gedanken und Aktivitäten ist. Ohne Angst vor Entzugserscheinungen und Kriminalisierung ist wieder eine Lebensplanung möglich, die über den nächsten «Druck» hinausgeht. Durch das Einnehmen sauberer Ersatzdrogen verbessert sich der gesundheitliche Zustand meistens sehr schnell. Keine Abszesse mehr, keine neuen Infektionen mit Hepatitis oder HIV, Gewichtszunahme.... Die Psyche kommt zur Ruhe. Häufig entsteht allerdings am Anfang der Behandlung ein großes «schwarzes Loch» durch das Wegfallen des Beschaffungsstresses, das erst langsam wieder mit neuen Inhalten gefüllt werden muß. Außerdem verschafft Methadon nicht den begehrten «Kick», und es kann schwer sein, sich sein Leben plötzlich mit klarem Kopf anzuschauen. Auf diese psychosozialen Aspekte der Substitutionsbehandlung möchte ich hier allerdings nicht weiter eingehen und auf den Artikel von Renate Bauer in diesem Buch verweisen.

Aus medizinischer Sicht ist die Substitutionsbehandlung sowohl als Überlebenshilfe als auch als Ausstiegshilfe in ein drogenfreies Leben sinnvoll und notwendig. Auch wenn jemand sich nicht für Drogenfreiheit entscheidet, kann er mit Methadon ein Leben unter menschenwürdigen Bedingungen führen, ohne sich durch die Illegalität der von ihm bevorzugten Drogen unkalkulierbaren gesundheitlichen Risiken aussetzen zu müssen. Er kann normal arbeiten und soziale Kontakte haben, die nicht durch die Beschaffung illegaler Drogen mitbestimmt sind. Andere lernen mit Hilfe der Ersatzdrogen, langsam aus der Sucht herauszuwachsen und ein Leben ohne illegale Drogen zu führen.

Wirkung von Methadon/Polamidon

Methadon ist ein synthetisches Opiat mit einer langen Wirkungsdauer. Es wirkt schmerzstillend, verengt die Pupillen, macht ruhig, manchmal auch euphorisch, dämpft die Atmung, senkt Puls und Blutdruck und macht körperlich abhängig. Es besitzt also alle typischen Eigenschaften eines Opiats. In der Schulmedizin wird es als starkes Schmerzmittel und zur Operationsvorbereitung eingesetzt. Es gibt Methadon in Ampullen zum Spritzen, als Tropflösung zum Trinken und in Tablettenform (Tabletten allerdings nur im Ausland). In die Vene gespritzt, ist die Wirkung schnell und intensiv und ruft in ausreichender Menge eine Euphorie hervor, die nicht vom «Heroinkick» zu unterscheiden ist. Wird Methadon, wie in der Substitutionsbehandlung, geschluckt, entfällt zwar der «Kick», aber der Opiathunger (die «Schußgeilheit») wird für über 24 Stunden gestillt, es treten keine Entzugserscheinungen auf. Das funktioniert allerdings nur, wenn die Dosierung stimmt. Gut eingestellte Patientinnen und Patienten können manchmal sogar einen Tag mit der Einnahme aussetzen, ohne unter heftigen Entzugserscheinungen zu leiden (ist zusätzlich abhängig von dem individuellen Abbau des Methadons im Körper). Die schmerzstillende Wirkung hält bei täglicher Anwendung nur einige Stunden an. Die Pupillenverengung bleibt bestehen. In der Einstellungsphase kann außerdem Müdigkeit auftreten, die in der Dauerbehandlung dann wieder verschwindet.

Häufige Nebenwirkungen (in absteigender Häufigkeit) sind Verstopfung, starkes Schwitzen, Übelkeit und Erbrechen, Schwierigkeiten beim Wasserlassen, Schlafstörungen, Nachlassen des Sexualtriebes, depressive Verstimmungen. Zu den depressiven Verstimmungen und den Schlafstörungen ist anzumerken, daß nur schwer zu beurteilen ist, ob sie auf die Substanz Methadon zurückzuführen sind. Sie können genausogut durch eine psychische Erkrankung, die schon vorher bestand (zum Beispiel Depression mit Schlafstörungen), die Symptome eines Barbiturat- oder Benzodiazepinentzugs (Schlafstörungen s. dort) oder durch die plötzliche Leere eines Lebens ohne Beschaffungsdruck bedingt sein.

Die Entzugserscheinungen sind ähnlich wie beim Heroin, setzen allerdings später ein (nach etwa zwei Tagen), da Methadon stärker im Körpergewebe gespeichert und langsamer abgebaut wird, so daß immer wieder geringe Mengen ins Blut gelangen. Das macht den Entzug zwar insgesamt weniger dramatisch als beim Heroin, aber auch langwieriger. Restsymptome können noch Wochen anhalten. Einige Drogenabhängige, die langfristig Methadon erhalten haben, schildern den Entzug trotzdem als quälender als einen Heroinentzug. Vielleicht weil das Ende schlechter abzusehen ist und die Symptome schlechter zugeordnet werden können.

Wird das Methadon sehr langsam herunterdosiert und den Wünschen und der Verfassung der Patientinnen und Patienten angepaßt, läßt es sich ohne große Probleme entziehen. Bei Patientinnen und Patienten, die über Monate und Jahre substituiert worden sind und die entziehen wollen, kann man zum Beispiel die Dosis langsam im Laufe eines Jahres reduzieren. Manche empfinden das als sehr angenehm. Sie bleiben während der ganzen Zeit arbeitsfähig, haben «was um die Ohren» und gewöhnen sich langsam an das Gefühl, ohne Drogen zu leben. (Wird Methadon dagegen für eine Entgiftung von Heroin eingesetzt, schleicht man die Dosis innerhalb weniger Tage bis Wochen aus.) Andere kommen mit einer sehr viel schnelleren Entgiftung von Methadon besser zurecht und haben kaum Entzugssymptome. Eine weitere Möglichkeit, von Methadon zu entziehen, ist eine stationäre Behandlung im Krankenhaus. Es gibt außerdem gute Erfahrungen mit der Abmilderung von Entzugssymptomen durch Akupunktur, die von erfahrenen Akupunkteurinnen und Akupunkteuren durchgeführt werden sollte.

Eine Überdosis ähnelt ebenfalls der des Heroins. Atemlähmung, Bewußtlosigkeit, enge Pupillen, Körpertemperatur, Blutdruck und Puls sinken, die Muskulatur erschlafft, es können Krämpfe auftreten. Wenn man weiß, daß jemand im Methadonprogramm ist, und man vermutet, er/sie könne eine Überdosis genommen haben, ist es wichtig, das dem Notarzt/der Notärztin mitzuteilen, da die Notfallbehandlung sich in einigen Punkten von der der reinen Heroinüberdosis unterscheidet.

Was passiert in einer Substitutionsbehandlung?

Wenn jemand substituiert werden möchte, wird erst einmal die Krankengeschichte und die «Drogenkarriere» (Drogenvorgeschichte) von einem Arzt/einer Ärztin abgefragt, es findet eine körperliche Untersuchung mit Blutentnahme und Urinkontrolle auf Drogen statt. Je nach Methadonprogramm müssen auch noch unterschiedlich aufwendige Anträge auf Genehmigung der Substitution gestellt werden. Anschließend wird die erste Dosis Methadon festgelegt und unter Aufsicht getrunken. In den nächsten ein bis zwei Wochen wird die Methadondosis langsam gesteigert, bis sich die Patientin/der Patient wohl fühlt und keine Entzugserscheinungen mehr hat. Wegen der atemlähmenden Wirkung von Methadon, die bei regelmäßiger Einnahme nachläßt, muß man die Dosis langsam steigern. Die Dosierung bleibt dann im allgemeinen relativ konstant, weil der Körper sich nur sehr langsam an das Methadon gewöhnt (geringe Toleranzentwicklung, d. h. nur geringe Dosissteigerung im Laufe einer Langzeitbehandlung). Eine Eigenschaft, die Methadon sehr geeignet für die Substitutionsbehandlung macht. Es kann allerdings sein, daß sich durch Krankheit, andere Medikamente oder großen Streß der Bedarf kurzfristig oder dauerhaft verändert. Die verordnete Dosis (bedingt durch den individuell unterschiedlichen Abbau des Methadons im Körper), die Dauer und der Verlauf der Substitutionsbehandlung sind von Person zu Person sehr unterschiedlich und sollten sich möglichst weitgehend an den Bedürfnissen und Möglichkeiten der Patientinnen und Patienten orientieren. Manche Patientinnen und Patienten brauchen viel Zeit, um ohne den «Beikonsum» anderer Drogen auszukommen. Insgesamt werden aber im Laufe der Methadonbehandlung wesentlich weniger zusätzliche Drogen (zum Beispiel Rohypnol, Alkohol, Kokain) konsumiert als in der Zeit des illegalen Heroinkonsums (siehe auch unter Mischkonsum). Die medizinische Behandlung (Verordnung des Methadons, medizinische Behandlung körperlicher/psychischer Erkrankungen und unterstützende Betreuung bzw. Beratung) wird von regelmäßigen therapeutischen Gesprächen mit Sozialpädagoginnen und -pädagogen oder Psychotherapeutinnen und Psychotherapeuten begleitet. Diese sogenannte psychosoziale Betreuung trägt wesentlich zum Erfolg der Substitutionsbehandlung bei.

Substitution und Schwangerschaft

Ein wichtiges Einsatzgebiet der Methadonsubstitution sind schwangere Heroinabhängige. In Hamburg kann jede schwangere Heroinabhängige sofort mit Methadon substituiert werden, wenn eine Schwangerschaft festgestellt wurde. Viele Kinder von Substituierten kommen gesund zur Welt. Methadon schadet dem Kind nicht. In der Statistik haben die Kinder nicht mehr Geburtsschäden als andere Neugeborene, es bekommen noch nicht einmal alle Säuglinge Entzugssymptome. Wenn Säuglinge von Substituierten unterentwickelt sind, ist das meistens auf andere Drogen, zum Beispiel Nikotin zurückzuführen. Nichtsdestotrotz gibt es, wenn auch selten, schwere Entzugserscheinungen bei Neugeborenen, die sich über Monate hinziehen können und mit Medikamenten behandelt werden müssen. Die Kinder würden sonst sterben. Während der Schwangerschaft sollte die Methadondosis möglichst klein gehalten werden, aber nicht so niedrig, daß Rückfälle und Entzugserscheinungen provoziert werden. Sauberes Methadon in gleichmäßiger Dosierung ist besser für das Kind als «dreckiges Straßenheroin» schwankender Konzentration und der Konsum zusätzlicher, für das Kind schädlicher Drogen. Ein langsamer Entzug vom Methadon während der Schwangerschaft – am besten in einer Klinik, die sich damit auskennt – ist deshalb aber nicht ausgeschlossen. Ein Entzug während der Schwangerschaft sollte allerdings ausschließlich auf den ausdrücklichen Wunsch der Schwangeren gemacht werden. Wie gesagt, Methadon schadet dem Kind nicht, schwere Rückfälle dagegen schon. Die Entbindung sollte auf jeden Fall in einem Krankenhaus stattfinden, das sich mit Methadonbehandlung auskennt und vor allem eine Säuglingsstation hat, die auch mit einem schweren Entzug umgehen kann.

Entzugserscheinungen beim Neugeborenen sind Trinkschwäche, Durchfall, Erbrechen, Schwitzen, Fieber, Gähnen, schnelle Atmung, Unruhe, Schlaflosigkeit, schrilles Schreien. Als Spätstörungen fallen Unruhephasen auf, die Kinder sind teilweise anstrengender. Bei all diesen Störungen muß aber sicher die Lebenssituation der Mütter mit einbezogen werden.

Codeinpräparate: Remedacen / DHC / Codeincompretten in der Substitutionsbehandlung

Geschichte

Codein ist seit etwa 150 Jahren als Schmerzmittel und zur Unterdrückung des Hustenreizes bekannt. Es ist dem Morphin in der chemischen Struktur und in der Wirkung verwandt. 1941 entdeckte man, daß Dihydrocodein (Remedacen) bei Heroinabhängigen Entzugssymptome unterdrücken kann. Der Stoffwechselweg im menschlichen Körper wurde aber erst 1977 aufgeklärt. In den siebziger Jahren wurde Codein, meistens in Form von Codeincompretten, zunehmend von Drogenkonsumentinnen und Drogenkonsumenten zur Überbrückung benutzt. Da Codeinpräparate nicht den strengen Verschreibungsregeln des Betäubungsmittelgesetzes (BtmG) unterliegen, wurden sie außerdem lange vor Beginn der offiziellen Methadonprogramme von Ärztinnen und Ärzten zur Substitutionsbehandlung der Heroinabhängigkeit eingesetzt. Wegen der besseren Wirkung gegen Entzugserscheinungen wechselten die meisten sehr bald von den Codeincompretten zu Dihydrocodein (Remedacen). Seit 1991 gibt es als weiteres Dihydrocodeinpräparat DHC, das ebenfalls zur Substitution eingesetzt wird. Codein findet sich darüber hinaus in stärkeren Schmerzmitteln zur Wirkungsverstärkung anderer schmerzstillender Substanzen.

Wirkung von Remedacen und DHC

Codeincompretten enthalten Codeinphosphat, das halbsynthetisch hergestellte Salz des natürlich vorkommenden Opiumalkaloids Codein (Codein ist eine der Substanzen, die im Opium enthalten ist). Codeinphosphat ist weniger schmerzstillend und atemlähmend als Morphin.

Dihydrocodein ähnelt dem Codein, ist aber wesentlich stärker schmerzstillend (entspricht fast der schmerzstillenden Wirkung des Morphins) und verhindert Entzugserscheinungen effektiver. Dadurch eignet es sich besser als Substitutionsmittel.

Die gängigsten Dihydrocodeinpräparate sind Remedacen und DHC.

Remedacen enthält 30 mg Dihydrocodein pro Kapsel.

DHC enthält pro Tablette mehr Dihydrocodein (es gibt unterschiedliche Stärken) und hält länger in der Wirkung an durch die sogenannte Retardzubereitung. Es müssen also weniger Tabletten täglich eingenommen werden.

Im weiteren Text wird wegen der besseren Übersichtlichkeit nur noch von Remedacen die Rede sein.

Remedacen wird im Körper zu etwa zehn Prozent in Morphin umgewandelt. Sowohl das entstandene Morphin als auch das Codein selber «sättigen» die Opiatrezeptoren.

Um den Opiathunger zu stillen, werden täglich bis zu 70 (siebzig) Kapseln Remedacen geschluckt, die durchschnittliche Dosis liegt allerdings wesentlich niedriger.

Die Entzugserscheinungen («Remiaffe») sind denen des Heroins vergleichbar. Einige Patientinnen und Patienten schildern die Symptome allerdings als quälender.

Überdosierungen gibt es bei Remedacen so gut wie überhaupt nicht und sind denen des Heroins vergleichbar.

Vor- und Nachteile der Remedacen-Substitution im Vergleich zu Methadon

Ein wesentlicher Vorteil des Remedacen ist die einfache Verschreibung. Wer eine Ärztin / einen Arzt findet, kann sich in der Regel ohne umständliches Antragsverfahren und die damit verbundenen Auflagen substituieren lassen. Es müssen keine speziellen Betäubungsmittelrezepte ausgefüllt werden. Die Drogenkonsumentinnen und Drogenkonsumenten können sich die Kapseln selber einteilen, sie müssen lediglich die verordnete Tagesdosis in einer Apotheke abholen. Es gibt in der Regel nicht so viele Auflagen wie in den Methadonprogrammen.

Im Urteil der meisten Patientinnen und Patienten, Ärztinnen und Ärzten ist Remedacen trotz dieser Vorteile das Substitutionsmittel der zweiten Wahl. Es scheint den Opiathunger schlechter zu stillen als Methadon, zumindest sind nur 61 Prozent der Remedacenpatientinnen und Remedacenpatienten mit dem Substitutionsmittel zufrieden, im Gegensatz zu 87 Prozent bei Methadon (Raschke 1994). Es kommen auch mehr Klagen über Nebenwirkungen wie Verstopfung, Übelkeit, Magenbeschwerden, Unruhe, Schlafstörungen, Menstruationsbeschwerden und depressive Verstimmungen. Nur das übermäßige Schwitzen tritt unter Remedacen eindeutig seltener auf.

Auffällig ist auch das häufigere Auftreten von Allergien gegen Remedacen im Vergleich zu Methadon. Patientinnen und Patienten, die unter Lungenasthma leiden, darf Remedacen überhaupt nicht verordnet werden.

Zusammengefaßt kann man sagen, daß überwiegend deshalb mit Remedacen substituiert wird, weil die Zugangsbedingungen und die Verschreibungspraxis für Methadon zu aufwendig sind. Aufnahmebedingungen für das Methadonprogramm sind zum Beispiel zwei abgeschlossene oder abgebrochene Therapien, HIV-Infektion im fortgeschrittenen Stadium, andere lebensbedrohliche Erkrankungen, Alter der Konsumentinnen und Konsumenten oder eine langjährige «Drogenkarriere». Die Kriterien lassen sich auf zwei Grundsätze zurückführen. Es darf mit Methadon substituiert werden, wenn aller Wahrscheinlichkeit nach auch in Zukunft nicht die Aussicht besteht, daß jemand drogenfrei leben wird – sozusagen die «aussichtslosen Fälle» – (soziale Indikation), oder wenn der weitere Konsum von illegalem Heroin aus medizinischer Sicht nicht zu verantworten ist (medizinische Indikation). Die Aufnahmekriterien werden in den einzelnen Bundesländern allerdings unterschiedlich streng ausgelegt. Die Anzahl der Remedacenpatientinnen und Remedacenpatienten – die häufig diese Kriterien nicht erfüllen – zeigt somit indirekt die Notwendigkeit einer sogenannten niedrigschwelligen Methadonvergabe an, wie sie zum Beispiel in der Schweiz und in Holland bereits erfolgreich durchgeführt wird. Niedrigschwellig heißt in diesem Zusammenhang, daß eine Drogenabhängige sofort substituiert werden kann, wenn sie es möchte (unabhängig von der Entscheidung einer Komission), die weitere Verschreibung der Ersatzdroge nicht so stark vom Wohlverhalten der Konsumentin im Sinne der Auflagen des jeweiligen Methadonprogrammes abhängig gemacht wird und die Verschreibung von Methadon für Substitutionszwecke vereinfacht wird. Solange Methadon offiziell weiterhin als Therapie der zweiten Wahl (nach der Abstinenztherapie) in der BRD gilt, wird eine niedrigschwellige Vergabe allerdings, entgegen den Empfehlungen aus Fachkreisen und den positiven Erfahrungen aus anderen Ländern, Zukunftsmusik bleiben.

Entzugsbehandlung

Die speziellen Entzugserscheinungen der einzelnen Drogen können Sie jeweils dort nachlesen.

Es gibt unterschiedliche Möglichkeiten, von Drogen zu entgiften. Man kann einen Entzug stationär im Krankenhaus machen oder ambulant mit der Unterstützung eines niedergelassenen Arztes. Ferner wird zwischen dem «kalten» Entzug und dem «warmen» Entzug unterschieden. Bei einem «kalten» Entzug werden die Drogen von einem Tag auf den anderen abgesetzt. Zur Abmilderung heftiger Entzugserscheinungen werden zwar auch Medikamente gegeben, aber keine, die selber abhängig machen oder den vorher konsumierten Drogen ähneln. Beim «warmen» Entzug wird ein Ersatzmedikament täglich langsam herunterdosiert, um die Entzugserscheinungen abzumildern.

Gleichgültig, unter welchen Bedingungen der Entzug gemacht wird, muß der Drogenabhängige vorher von einer Ärztin auf körperliche und psychische Erkrankungen untersucht werden, und es sollte auch mit einer Urinkontrolle festgestellt werden, welche Substanzen er konsumiert. Von dem Untersuchungsergebnis hängt es ab, wo und wie eine Entzugsbehandlung durchgeführt werden kann.

Wenn jemand zum Beispiel körperlich und psychisch gesund ist und ausschließlich Heroin nimmt, ist ein «kalter» Entzug zu Hause relativ gefahrlos, zumindest was die körperliche Seite des Entzuges betrifft (s. a. den Artikel von Renate Bauer zu der seelischen Seite des Entzugs). Ärztliche Unterstützung bleibt trotzdem notwendig, da nicht alle Risiken vorhersehbar sind, zum Beispiel ein Rückfall mit bedrohlichen Vergiftungserscheinungen (versehentliche Überdosis bei gesunkener Toleranz). Heutzutage wird allerdings kaum noch «kalt» entzogen, da ein medikamentengestützter (warmer) Entzug ungefährlicher, schonender und weniger belastend für die Patientinnen und Patienten und auch deren Umgebung ist. Der einzige «Nachteil» ist die längere Dauer des Entzuges. Man muß sich aber auch fragen, ob es wirklich nachteilig ist, wenn jemand mehr Zeit hat, sich auf ein Leben ohne Drogen einzustellen. Mit Sicherheit sollte man nicht versuchen, jemand dazu zu überreden. Ein heftiger kalter Entzug hält sicher nicht mehr als ein medikamentengestützter davon ab, wieder rückfällig zu werden.

Liegt zusätzlich eine Abhängigkeit von Benzodiazepinen, Barbituraten oder Alkohol vor, ist ein «kalter» Entzug ohne medizinische Begleitung nicht mehr möglich. Es müssen in der Regel Medikamente gegeben werden, weil selbst bei einem ansonsten körperlich und psychisch gesunden Menschen im Entzug lebensbedrohliche Situationen auftreten können. Zum Beispiel Krampfanfälle, die von wenigen Sekunden bis zu Stunden andauern. Krampfanfälle können bei unsachgemäßer Behandlung gefährliche Verletzungen hervorrufen, den Verlust von Gehirnsubstanz zur Folge haben oder im sogenannten Status (nicht endende Krämpfe) ohne medizinische Intensivbehandlung zum Tod führen. Weitere Entzugssymptome siehe im Abschnitt über Schlaf- und Beruhigungsmittel. Da die Entzugssymptome erst nach einigen Tagen des Absetzens der Tabletten auftreten, wird die Gefährlichkeit des Entzuges in den ersten Tagen leicht unterschätzt. Es gibt auch keine Richtwerte, wie lange und wieviel Benzodiazepine oder Barbiturate jemand genommen haben muß, um im Entzug in lebensbedrohliche Situationen zu kommen. Deshalb sollten Benzodiazepine und Barbiturate nie von einem Tag auf den anderen abgesetzt werden, auch wenn ein Drogenabhängiger versichert, bei vorherigen Entzügen keine Probleme damit gehabt zu haben.

Das Absetzen von Kokain ruft zwar kaum körperliche Entzugssymptome hervor, verursacht aber manchmal schwere Angstzustände, Depressionen oder Halluzinationen (Trugbilder), die ohne ärztliche Hilfe schwer zu beeinflussen sind.

Ist eine Drogenkonsumentin körperlich oder psychisch krank, muß das ebenfalls in die Planung einer Entzugsbehandlung mit einbezogen werden. Da dauernder Drogenkonsum Körpergefühl, Schmerzempfinden und die Wahrnehmung der eigenen psychischen Situation massiv stört, können auch schwerwiegende Erkrankungen von den Drogenkonsumentinnen und Drogenkonsumenten und ihrer nahen Umgebung übersehen werden.

Zusammengefaßt heißt das, daß ein Arzt / eine Ärztin über die Art des Drogenentzuges entscheiden muß. Wenn er/sie einem Entzug im häuslichen Bereich zugestimmt hat, sollten Sie sich überlegen, ob Sie sich die Belastung wirklich zutrauen bzw. zumuten wollen. Es kann schwer sein, die eigene Tochter/Freundin so heftig leiden zu sehen und «Hilfe» durch Beschaffung von Drogen zu verweigern. Ein professioneller Helfer hat es durch seine größere Distanz und Berufserfahrung in der Regel leichter.

Naltrexonbehandlung

Zusätzlich zur Entzugsbehandlung gibt es noch eine weitere Therapiemöglichkeit, die Behandlung mit Naltrexon, einem Opiatantagonisten. Ein Opiatantagonist ist ein Medikament, das sich wie Methadon auf die Opiatrezeptoren setzt, ohne opiatähnliche Eigenschaften zu haben. Es ist sozusagen ein Gegenmittel (ein ähnliches Medikament wird auch zur Behandlung der Heroinüberdosis benutzt). Naltrexon wird von den Rezeptoren sogar «bevorzugt», d. h. es verdrängt Heroin und Methadon von den Rezeptoren. Es kommt bei Einnahme sofort zu heftigen, unter Umständen lebensbedrohlichen Entzugserscheinungen. Wenn jemand regelmäßig Naltrexon einnimmt, so daß alle Opiatrezeptoren im Körper damit «gesättigt» sind, und nimmt dann Heroin, gibt es keinen «Kick», weil Naltrexon «fester» als Heroin an die Rezeptoren gebunden ist und das «gute Gift» wirkungslos wieder ausgeschieden wird.

Wann wird Naltrexon eingesetzt?
Ein Drogenabhängiger hat zum Beispiel eine Langzeittherapie von achtzehn Monaten gemacht und zieht nun wieder in seine Wohnung (wenn er sie noch hat). Er hat Angst vor einem Rückfall und entscheidet sich für eine Naltrexonbehandlung. Wenn er dann doch einmal rückfällig wird, fehlt der begehrte «Kick», und im günstigsten Fall setzt er die Behandlung fort und probiert es nicht noch einmal, weil es schlichtweg uninteressant ist.
Naltrexon kann niemandem die Entscheidung für oder gegen Drogen

abnehmen. Wer wieder einen «Kick» haben möchte, holt sich einfach keine Tabletten mehr. Es kann aber zusammen mit einer ambulanten Betreuung eine zusätzliche Stütze sein, um nicht wieder rückfällig zu werden.

Wie läuft eine Naltrexonbehandlung ab?
Zuerst wird der Urin auf Drogen überprüft. Das ist sehr wichtig, weil Naltrexon bei noch bestehendem Restkonsum heftige bis lebensbedrohliche Entzugserscheinungen auslöst. Ist der Urin «sauber» (keine Drogen im Urin nachweisbar), kann mit der Einnahme der Tabletten begonnen werden. Die Tabletten werden unter Sichtkontrolle eingenommen und im allgemeinen mit einem Gespräch über Befinden und Probleme des Patienten verbunden. Die Patienten müssen entweder täglich oder dreimal wöchentlich zur Einnahme kommen. Während der Dauer der Behandlung sollte eine psychosoziale Begleittherapie stattfinden. In der Göttinger Naltrexon-Studie wird als Mindestdauer der Therapie ein halbes bis ein Jahr empfohlen, es sei denn, es handelt sich um eine Überbrückungssituation, zum Beispiel zwischen stationärem Drogenentzug und Antritt einer Langzeittherapie.

Nebenwirkungen und Gefahren von Naltrexon.
Nebenwirkungen können sein: Appetitminderung, Verdauungsstörungen, intensive Oberbauchbeschwerden in den Stunden nach der Einnahme und selten Allergien.
Gefährlich ist die Einnahme von Naltrexon für Patientinnen und Patienten, die noch nicht völlig «clean» (drogenfrei) sind wegen der heftigen Entzugserscheinungen.
Die größte Gefahr ist der Toleranzverlust gegenüber Heroin nach Ende bzw. Abbruch der Behandlung. Vier bis sieben Tage nach der letzten Einnahme ist die Wirkung von Naltrexon erschöpft. Wird dann Heroin gespritzt, können auch kleine Mengen schon zu einem tödlichen Atemstillstand führen. Das Risiko einer versehentlichen Überdosis im Anschluß an eine Naltrexonbehandlung ist so groß, daß die Patientinnen und Patienten sorgfältig ausgewählt werden müs-

sen. Da in jeder Drogentherapie mit Therapieabbruch und Rückfall gerechnet werden muß – der Rückfall also gleichsam Teil der Behandlung ist –, muß man sich fragen, inwieweit das Risiko einer tödlichen Überdosis nach Naltrexontherapie ethisch vertretbar ist. Schließlich sind sich am Anfang alle Drogenabhängigen sicher, daß sie es diesmal schaffen werden, «clean» zu bleiben. Die Langzeitstudien in bezug auf dauerhafte Abstinenz sprechen eine andere Sprache. Sie sollten auf jeden Fall niemals versuchen, jemanden zu einer Naltrexontherapie zu überreden! Abgesehen von dem eben geschilderten Risiko ist Naltrexon – bei sorgfäliger Auswahl und Aufklärung der Patientinnen und Patienten – eine zusätzliche Möglichkeit in der Therapie der Drogenabhängigkeit.

Josh v. Soer
Suchttherapeut

Brief an Frau M., deren Tochter heroinabhängig ist

Liebe Frau M.,

nun haben wir bereits seit einiger Zeit miteinander zu tun; wir telefonierten öfters, und wir haben uns zweimal getroffen. Sie baten mich als Suchttherapeuten um Rat und Unterstützung, denn Ihre Tochter ist heroinabhängig.

Ich tue dies gerne, obwohl auch wir Therapeuten manchmal überfragt sind, denn es gibt *keine* Therapie, die für *alle* Menschen gleich wirksam ist oder alle heilen kann. Es gibt keine Wundermittel oder Patentrezepte, denn alle Menschen sind unterschiedlich. Jeder Mensch ist einmalig, und das gilt selbstverständlich auch für Drogenabhängige! Somit sucht auch der Therapeut manchmal verunsichert oder auch manchmal fast verzweifelt nach Lösungsmöglichkeiten oder sogar erst mal nach Überlebensstrategien für seine Klientinnen und Klienten.

Nun mag es für Sie als Eltern (oder auch Großeltern, Angehörige, Freunde) erst mal zweitrangig scheinen, daß außer *Ihnen* auch viele andere betroffen sind. Trotzdem ist es wichtig zu wissen, daß es vielen, vielen Eltern ähnlich geht, denn das Tabuthema «Mein Kind ist heroinabhängig» ist noch sehr groß. Es kostet oft sehr viel Überwindung und Mut, sich nach außen (und innen!) dazu zu bekennen.

Laut DHS (Deutsche Hauptstelle gegen Suchtgefahren) leben zur Zeit etwa 120000 Heroinabhängige in Deutschland. Wenn wir davon ausgehen, daß viele davon noch Eltern, Geschwister, Großeltern, Onkel und Tanten haben, vielleicht sogar selbst bereits Vater oder Mutter geworden sind, dann kann man ohne Übertreibung feststellen, daß mehr als eine halbe Million Menschen in Deutschland tagtäglich direkt oder indirekt mit dem «Problem Heroin bzw. illegalisierte Drogen» zu tun haben. (Ärzte, Apotheker, Suchttherapeuten, Bewährungshelfer, Zoll- und Justizbeamte und so weiter nicht einmal mitgerechnet; denn auch Heroin verschafft Arbeitsplätze.)

Noch immer ist nicht genau bekannt, weshalb eine(r) süchtig oder rückfällig wird, oder vielleicht besser warum eine(r) *nicht* süchtig wird. Es gibt merkwürdige Theorien und Behauptungen für die Ursachen: eine verwöhnende Mutter, ein trinkender strenger Vater bzw. Freunde, die verführen, eine süchtige Oma oder Stoffwechselerkrankungen. Und für Sie, liebe Frau M., wird alles hierdurch noch verwirrender, noch unüberschaubarer, und Sie werden somit noch unsicherer, was Sie nun «richtig» oder «falsch» tun. Sie fragten mich, ob es vielleicht doch sogenannte Suchtgene gibt (wie es bei Alkoholikern immer wieder behauptet wird). Wir wissen leider so wenig.

Als Suchttherapeut habe ich mit Tausenden Heroinkonsumenten zu tun gehabt, und auch für sogenannte Experten ist es nicht möglich, Ihnen zu sagen: «Der Drogenabhängige ist so oder so». Es gibt in ganz Deutschland nicht einmal einen Lehrstuhl für Suchtforschung, und noch bis vor einigen Jahren gab es hier nur die Abstinenztherapie («Schön weit weg, und ein ‹neuer Mensch› sollte der schwache, faule Drogenabhängige werden»). Seit einigen Jahren vermuten Wissenschaftler, daß zumindest einige Drogenabhängige unter einem Ungleichgewicht in der «Gehirn-Chemie» leiden, das sie für Depressionen, Ängste oder extreme Ruhelosigkeit anfällig macht. Für solche Menschen könnte die Sucht eine Art Selbstmedikation sein, bei der die Droge das chemische Ungleichgewicht korrigiert und eine gewisse Erleichterung mit sich bringt.

Somit wurden Sie, Frau M., fast alleine gelassen und meinen nun, *Sie* wären schuld, Sie als Mutter hätten versagt und Fehler gemacht. Ich bitte Sie dringend: Hören Sie damit auf, sich Schuld einzureden und sich Vorwürfe zu machen! Schauen Sie vorwärts, tun Sie Ihr «Bestes», ehrlich und von ganzem Herzen! Sie werden sich dann nie Vorwürfe zu machen brauchen. Fehler machen wir alle tagtäglich, aber nicht absichtlich: «Ich tue mein Bestes, und mehr oder besser kann ich nicht».

Ein heroinsüchtiges Kind nimmt sehr viel Kraft, Zeit und Platz ein (wie es ein zum Beispiel rheuma- oder nierenkrankes Kind wahrscheinlich auch tut). Trotz alledem sollten Sie nicht sich selbst, ihren Partner, andere Kinder, Hobbys usw. «vergessen». Sie müssen auftanken, um geben zu können! Nehmen Sie Kontakt zu anderen Eltern oder Elterninitiativen auf, dort können Sie frei über Ihre Probleme sprechen. Es wird Ihnen zugehört, und Sie können wiederum Kraft sammeln. Ich empfehle Ihnen außerdem, Informationen über Sucht und Abhängigkeit zu lesen. Machen Sie einen Erste-Hilfe-Kurs (für Notfälle, Sie werden sich sicherer fühlen), machen Sie eventuell selbst eine (Familien-)Therapie, denn Therapie ist oft eine beruhigende Entdeckungsreise. Klären Sie andere Menschen über Drogenabhängigkeit auf, und reden Sie über dieses Thema. Sie werden bemerken, daß es viele «Betroffene» gibt und daß Sie Verständnis, Respekt und Hilfe zurückbekommen werden.

Liebe Frau M., Ihre sehnsüchtige Frage: «Wird alles mal wieder so, wie es mal war?» muß ich leider verneinen. Es wird niemals mehr so sein wie früher, Narben werden bleiben. Dies bedeutet allerdings nicht, daß es heute oder morgen deshalb schlechter oder weniger gut ist: es ist nur anders, neu. Eine «Lösung» des Drogenproblems wird es sehr wahrscheinlich nie geben, wohl aber eine Linderung oder eine Entschärfung.

Es gibt Personen, die nur sporadisch oder nur drei- oder viermal Heroin konsumieren. Es gibt viele sogenannte Selbstheiler, die ohne therapeutische Hilfe nach jahrelangem Konsum «einfach» damit aufhören können.

Für den größten Teil der Heroinkonsumenten bedeutet aber süchtig-, abhängig-, ‹draufsein› ein wahnsinniger Streß. Diese tagtägliche Jagd, um sich das Geld und das Heroin zu besorgen! Man macht es nicht mehr, um das wunderbare euphorisierende Gefühl zu bekommen, sondern es muß konsumiert werden, um psychische und physische Schmerzen auszuhalten. Der Beschaffungsstreß macht meist krank und müde, Normen und Werte verschwinden allmählich. Und auch wir, die mit den Heroinabhängigen zu tun haben, auch unser Wertesystem droht oft zu verschwinden (manchmal sind wir wirklich spießig, borniert oder unecht). So findet eine Übertragung statt, der man sich bewußt sein sollte. Die Außenwelt diskriminiert oder stigmatisiert nämlich auch oftmals die Eltern: «selber schuld», «Rabeneltern», «Na ja, wen wundert es bei solchen Eltern?» Ich kenne Eltern, die regelmäßig nach Holland fahren, um dort Heroin oder Methadon für ihr Kind zu kaufen. Andere Eltern bezahlen Schulden, Anwaltskosten oder die Miete. Auch hier würde ich wieder sagen, daß es keine Patentrezepte gibt. Ich bewundere Eltern, die trotz ihrer Scham und ihrer Selbstvorwürfe zu ihren Kindern stehen, die *zusammen* versuchen, diese schwierige Lebensphase zu bewältigen.

Andere Eltern können oder möchten das nicht (mehr), sie trennen sich, ihr Kind geht zu «Freunden», in den Knast oder in die Langzeittherapie. Ob diese Eltern damit ihre «Ruhe» gefunden haben, bezweifle ich allerdings...

Eine große Erleichterung kann für viele die Substitutionstherapie (Substitution = Ersatz), auch medikamentengestützte Therapie genannt, mit Methadon/Polamidon oder Codein/Remedacen sein. Diese Therapieform war lange Zeit in Deutschland verpönt und ist erst seit einigen Jahren auch hier zugelassen, wird aber zum Beispiel in Holland, Dänemark und den USA schon seit langem erfolgreich durchgeführt. Wenn richtig dosiert und außerdem gleichzeitig psychosoziale Betreuung angeboten wird, findet oftmals bereits nach kurzer Zeit eine erhebliche Verbesserung statt. Der Betroffene hat wieder Zeit und Interesse für eine Neuorientierung. Daß solche Veränderung meist auch eine Entlastung für die Eltern bedeutet, ist selbstverständlich. Allerdings ist es sehr wohl möglich, daß dann erst «richtig» und «klar» gesehen wird, in welche dramatische Situation man gerutscht ist: Vereinsamung, Schulden, eventuell vorbestraft usw.

Nun ist es äußerst wichtig, weiterzumachen: Lebensperspektiven zu planen und umzusetzen. Das alles braucht allerdings seine Zeit und viel Kraft, weshalb z. B. auch die psychosoziale Unterstützung so wichtig ist. Eltern neigen in dieser Phase oft zu Ungeduld und üben häufig (unbewußt) Druck aus, den manch ein Klient als Motiv für einen Rückfall erlebt.

Ich bin zwar kein Gegner der Langzeit- oder Abstinenztherapie, es hat sich allerdings gezeigt, daß für ganz viele Heroinabhängige eine ambulante Methadontherapie viel «normaler», humaner und auch effizienter ist. Methadon (oder Codein) ist kein Allheilmittel, es heilt keine Drogenabhängigkeit, es hilft nicht gegen Vereinsamung, nicht gegen Rohypnol- oder Kokainkonsum. Es lindert allerdings die grausamen Entzugsschmerzen und blockiert meist den sogenannten Opiathunger. Personen, die substituiert werden, können bald wieder ganz «normal» leben, lieben und leiden. Sie können lernen, arbeiten und Auto fahren, sie können tolle Väter, Mütter, Töchter oder Söhne sein. Manch einer wird fünf Jahre, sieben oder noch länger substituiert, manch einer nur vier oder sechs Monate. Liegen aber noch andere Krankheiten vor, wie zum Beispiel HIV, Psychosen, Hepatitis, kann das unter Umständen die Wiedereingliederung erheblich verzögern. Ich möchte allerdings auch hier nochmals ein altes niederländisches Sprichwort zitieren: «Bedenke, daß auch ein Tritt in den Hintern einen Schritt vorwärts bedeuten kann.»

Etwa zwanzig Prozent aller Heroinabhängigen in Deutschland sind HIV-positiv oder bereits an Aids erkrankt. Somit sind die Drogenabhängigen eine der wichtigsten «Risikogruppen». Sie haben das Virus meist durch unsterile Spritzen oder durch risikoreichen Sexualverkehr bekommen, denn viele heroinabhängige Frauen und Männer müssen sich prostituieren, um Geld für das Heroin zu besorgen. Gerade in Haftanstalten, in denen manchmal über 50 Prozent aller Einsitzenden drogenabhängig sind, ist das Risiko, sich zum Beispiel durch eine gemeinsame Spritze anzustecken, sehr groß. Viele Suchttherapeuten, Ärzte, Eltern, die Deutsche Aids Hilfe und Selbsthilfegruppen fordern seit langem, daß Drogenabhängige nicht in den Knast gesteckt werden sollten. Wenn doch, sollten auch da Spritzentauschprogramme und Substitution zugelassen werden. Glücklicherweise gibt es heute mehrere Selbsthilfegruppen für HIV-positive Heroingebraucher (JES DAH), Schwerpunktpraxen und angeleitete

Positivgruppen für Drogenabhängige. Außerdem gibt es Hilfsangebote für HIV-positive Eltern und deren Kinder («Kinder und Aids»-Projekte).

In Deutschland leben schätzungsweise 20 000 Kinder von heroinabhängigen Eltern. Bis vor kurzem wurden diese Kinder oft zwangs- oder fremdadoptiert oder in Heime gesteckt. Heute wissen wir, daß drogenabhängige Eltern *nicht* automatisch «schlechte» Eltern sind. Sie brauchen nur oftmals Hilfe und Unterstützung, um «gute» Eltern sein zu können. Es ist deshalb äußerst wichtig, daß werdende drogenkonsumierende Mütter sofort vorurteilsfreie und unbürokratische Hilfe bekommen. In Deutschland leider noch fast einmalig ist das Kinderprojekt «IGLU» (Hilfen für Kinder und ihre drogenabhängigen Eltern) in Hamburg. Hier wird Kindern von Eltern, die drogenabhängig sind oder waren, ambulante Unterstützung geboten.

Wir sollten uns darüber im klaren sein, daß wir trotz alledem leider nur eine kleine Gruppe von Heroinabhängigen erreichen können. Es fehlt an Therapieplätzen, Substitutionsprogrammen und passenden Arbeitsmöglichkeiten, es mangelt an Entgiftungsplätzen, und außerdem brauchen viele, viele Kinder von Heroinkonsumenten sofortige Hilfe. So fordern wir immer wieder ein breit gefächertes Hilfsangebot (eine Palette), zu diesen Angeboten gehören auch die sogenannten Heroinprogramme, und selbstverständlich fordern auch wir die Entkriminalisierung des Drogenkonsums, denn das Junkieleiden und -sterben muß sofort aufhören!

Liebe Frau M., ich wünsche Ihnen und Ihrer Tochter für die Zukunft viel Kraft und Zuversicht, und bin mit freundlichem Gruß
Dr. Josh v. Soer

Michael Nitschke

Erläuterungen zum Drogenstrafrecht

«Das Gesetz» oder «Was wird bestraft?»

Illegale Drogen

Was strafbar ist, steht im Gesetz. Welche Drogen in der BRD verboten sind, welcher Umgang mit ihnen wie bestraft werden kann, steht im Betäubungsmittelgesetz (BtMG).

In den Anlagen I bis III des BtMG sind alle Stoffe aufgeführt, die als verbotene Betäubungsmittel im Sinne des Gesetzes gelten. Die Liste der aufgeführten Betäubungsmittel ist lang. Sie wird jedes Jahr nach dem jeweils neuesten Erkenntnisstand der Medizin und der aktuellen Bewertung von Juristen und Politikern ergänzt und verändert.

Bewußtseinsverändernde Drogen wurden von Menschen in den verschiedensten Kulturkreisen schon seit Jahrtausenden konsumiert, als Heil- und Schlafmittel, als Liebes- und Heldentrank, als Genußmittel und Gifttrank.

Ob Drogen in einer Gesellschaft als Genußmittel verbreitet und gepflegt, als Medizin erlaubt waren oder aber geächtet und verboten, richtete sich nach Kulturkreis und Zeitepoche.

Kokain wurde in Form von Kokablättern von großen Teilen der südamerikanischen Bevölkerung gegen Krankheit, Müdigkeit und Erschöpfung, aber auch gegen Hunger und Durst gekaut.

Opium als Grundstoff des Heroins, das aus dem Milchsaft des Schlafmohns gewonnen wird (Opos = griechisch: Saft), wurde schon von den alten Griechen und Ägyptern als einschläfernde und schmerzstillende Droge benutzt.

Als der chinesische Kaiser im 17. Jahrhundert das Tabakrauchen verbot, breitete sich dort das Opiumrauchen als «Volksdroge» aus, bis es nach dem Zweiten Weltkrieg verboten wurde.

Vor ca. 200 Jahren wurde erstmals aus Opium ein Teil, das sogenannte Morphium, herausgelöst und gegen Krankheiten wie Pest, Cholera, Pocken, Gicht, Masern, Fieber und als Wundheilmittel eingesetzt. Verdünnte Opiumzubereitungen wurden als Schlaf- und Hustenmittel für Kinder verkauft, so zum Beispiel die wohlbekannten «Hoffmann's-Tropfen». 1897 wurde von der Fa. Bayer-Elberfeld ein neues Medikament gegen Hustenreiz unter dem geschützten Warenzeichen «Heroin» eingetragen.

Die schädlichen Nebenwirkungen, insbesondere die Suchtwirkung des Opiums, wurden erst nach 1900 erkannt.

Heroin wurde zum verschreibungspflichtigen Betäubungsmittel erklärt und 1920 im ersten deutschen Betäubungsmittelgesetz strafrechtlich gebrandmarkt und ist, wie jeder weiß, ebenso wie Kokain auch heute noch streng verboten. Gleiches gilt auch für die «moderneren» synthetischen Drogen (chemische Mischungen), einige Amphetamine, für LSD, Meskalin, Crack (Kokainbase) und Ecstasy.

Dem Betäubungsmittelgesetz unterliegen auch Betäubungsmittel, die gemeinhin als Medikamente gelten und häufig in Form von Tabletten auf den Markt kommen wie zum Beispiel Valoron, Polamidon / Methadon, Vesparax, Captagon sowie Methadon, um nur einige der bekanntesten zu nennen. Diese dürfen (außer Methadon) vom Arzt in bestimmten Tagesmengen als Medikament bei erwiesenem Bedarf verschrieben werden. Ansonsten ist der Umgang mit diesen Mitteln strafbar.

Keine Betäubungsmittel nach dem BtMG sind hingegen Remedacen und Valium. Dies sind rezeptpflichtige Arzneimittel, bei denen der Erwerb, der Besitz und auch der nicht gewerbsmäßige, d. h. auf Erzielung eines regelmäßigen oder erheblichen Gewinnes ausgerichtete Verkauf jedenfalls nach dem BtMG (noch) straffrei sind. Rohypnol («Rosch») ist in der 1-mg-Form (pro Tablette) ebenfalls als rezeptpflichtiges Arzneimittel zu bekommen; in der 2-mg-Form ist es dagegen BtM-pflichtig.

Illegale Droge ist heute auch der Indische Hanf, Cannabis (als Kraut auch Marihuana genannt) und das darin enthaltene Harz (Haschisch).

Es gilt als sogenannte weiche Droge, da es körperlich nicht süchtig macht, keine Entziehungserscheinungen auftreten und beim Konsumenten allenfalls eine geringe Tendenz besteht, die Dosis zu erhöhen.

Vor allem in der islamischen Welt ist das Haschischrauchen über viele Jahrhunderte hinweg weit verbreitet gewesen und ist es teilweise heute noch, wohl auch deshalb, weil Haschisch im Koran nicht als verbotenes rauscherregendes Genußmittel genannt wurde wie zum Beispiel Wein und Bier. Noch Ende des letzten Jahrhunderts gab es ganz legal bestimmte Zigarettensorten (zum Beispiel die Marke Simon-Arzt Nr. zwei), in denen Cannabis enthalten war.

Hasch ist sicher die ungefährlichste aller bekannten Drogen.

Cannabisprodukte sind selbst in größeren Mengen viel weniger gesundheitsschädlich wie zum Beispiel Alkohol oder Nikotin, selbst Kaffee oder Zucker sind medizinisch gesehen bedenklicher, auch der gesellschaftliche Schaden (sprich: Kosten) durch Zigaretten- oder Alkoholkonsum ist um ein Vielfaches größer. Nicht verschwiegen werden soll aber die Gefahr, die durch die Beeinträchtigung der Fahrtüchtigkeit nach Cannabiskonsum eintreten kann.

Es ist auch weithin unstrittig, daß Hasch (Cannabis) keine Einstiegsdroge für harte Drogen ist. Der Weg zum Heroin führt ebenso häufig über Tabak, Alkohol- und Tablettenkonsum.

Trotzdem hat das Bundesverfassungsgericht erst 1994, nachdem einige Amts- und Landgerichte die Strafbarkeit von Hasch in Frage gestellt hatten, grundsätzlich wieder das Verbot von Cannabisprodukten bestätigt, im wesentlichen mit der Begründung, es gäbe kein grundgesetzlich verbrieftes «Recht auf Rausch» und es sei das Recht des Gesetzgebers, von ihm als gesamtgesellschaftlich schädlich eingeschätzte Rauschmittel auch dann zu verbieten, wenn gleichzeitig noch weitaus gefährlichere Rausch- und Genußmittel wie Alkohol oder Nikotin grundsätzlich erlaubt blieben.

Allerdings, so das Bundesverfassungsgericht, sei aufgrund des

Übermaßverbotes grundsätzlich von der Strafverfolgung abzusehen, wenn es lediglich um den Erwerb oder Besitz geringer Mengen von Cannabisprodukten zum Eigenverbrauch geht.

Zur Frage der geringen und nicht geringen Mengen später mehr.

Strafbares Tun

Warum überhaupt stellt der Gesetzgeber – nicht nur in Deutschland – den Umgang mit Betäubungsmitteln unter Strafe?

Nun gut, es dient erklärtermaßen dazu, Menschen, insbesondere junge Menschen vor schweren und nicht selten irreparablen Schäden an Leib und Seele zu bewahren. Außerdem sollen der Allgemeinheit die hohen Folgekosten einer bei Legalisierung befürchteten weitergehenden Ausbreitung der Rauschgiftwelle erspart bleiben.

Aber erstens wird immer fragwürdig und widersprüchlich bleiben, weshalb einige Rausch- und Genußmittel wie zum Beispiel Alkohol und Tabak, die ebenso hohe oder gar höhere gesundheitliche Schäden für den einzelnen und Folgekosten für die Allgemeinheit verursachen, erlaubt sind.

Zweitens müssen insbesondere die Juristen damit klarkommen, daß bei uns in Deutschland der Selbstmord und auch die Beihilfe anderer zum Selbstmord ja nicht strafbar sind, natürlich auch nicht die eigene Körperverletzung. Wie kann dann die eigene Gesundheitsschädigung oder auch nur die eigene Gesundheitsgefährdung durch Einnahme von Betäubungsmitteln bestraft werden?

Klare Antwort: sie kann es rechtlich auch gar nicht. Der bloße Konsum von Betäubungsmitteln ist immer straflos.

Aber Juristen sind natürlich findige Leute, und wenn sie ein gesellschaftspolitisch erwünschtes Ergebnis haben wollen, greifen sie auch schon mal in die dunkle Trickkiste.

Es wird eben nicht der Genuß von Betäubungsmitteln bestraft, sondern der Besitz, und zwar aufgrund der grandiosen Erkenntnis, daß derjenige, der Betäubungsmittel besitzt, auch eine potentielle Gefahr darstellt, diese an andere weiterzugeben, denen die Gefährdung der eigenen Gesundheit durch den Konsum von Betäubungsmitteln nicht bewußt ist. Und selbstverständlich ist auch der Anbau, das Herstellen von Betäubungsmitteln, die Ein- und Ausfuhr, der Erwerb und die Abgabe, egal ob entgeltlich oder unentgeltlich, und das Handeltreiben mit Betäubungsmitteln strafbar.

Zum Handeltreiben können bereits Verkaufsangebote, Verkaufsvermittlungen, Entgegennahme und Weitergabe des Kaufpreises, Probenkauf, Werbungsbemühungen, Kuriertätigkeit und die sogenannte Geldwäsche gehören. Auch Abfüllen, Abpacken sowie das Strecken von Betäubungsmitteln für den beabsichtigten Verkauf stellen bereits ein Handeltreiben dar.

Man kann es wirklich ganz leicht zusammenfassen: Jeglicher, wirklich jeglicher Umgang mit den im BtMG genannten Betäubungsmitteln ist strafbar mit Ausnahme des bloßen eigenen Konsums. Selbst das Erschleichen von ärztlichen Verschreibungen von BtM zum Beispiel durch unwahre Krankengeschichten oder das gleichzeitige Verschreibenlassen von BtM bei verschiedenen Ärzten ist nach der Gesetzesauslegung strafbar. In der Praxis führt so etwas allerdings kaum je zur Strafverfolgung.

Im straffreien Raum übrig bleibt lediglich, wer an einer in einer Gruppe herumgereichten Haschzigarette bloß zieht und diese dann wieder zurückgibt. Hier fehlt es im juristischen Sinne am «Besitz». Wehe aber dem, der die erhaltene Haschzigarette nach dem Genuß nicht zurückgibt, sondern den Joint an Dritte weiterreicht. Das wäre wiederum verbotene Verbrauchsüberlassung und somit nach dem BtMG strafbar, jedenfalls in überzeugender juristischer Theorie.

Nicht strafbar macht sich in der BRD, wer lediglich BtM-Utensilien besitzt.

Exkurs: Strafbarkeit im Ausland

In anderen Ländern gibt es andere Gesetze. Manche Staaten bestrafen deutlich härter, es gibt aber auch etliche Staaten mit liberaleren Gesetzen, in denen der Besitz und Erwerb kleiner Mengen Rauschgift, insbesondere Cannabis, nicht verfolgt wird (zum Beispiel Niederlande, Italien, Großbritannien, einige Staaten der USA).

Was viele nicht wissen:

Bestraft werden kann von einem deutschen Gericht nach deutschem Recht grundsätzlich auch, wer im Ausland Betäubungsmittel kauft, verkauft oder besitzt, selbst wenn er nach den dort geltenden Gesetzen im Ausland nicht bestraft werden könnte. Wer im Ausland nach dortigem Recht legal Betäubungsmittel zum Eigenkonsum erwirbt, zum Beispiel in Spanien geringe Mengen von Cannabisprodukten kauft oder in den Niederlanden sich Methadon verschreiben läßt, macht sich jedoch erst strafbar, wenn er diese BtM in die BRD bringt.

Dagegen könnte zum Beispiel der Erwerb auch von kleinen Mengen Hasch in den Niederlanden zum Eigenkonsum von einem deutschen Gericht bestraft werden, da zwar in den Niederlanden der Besitz von weniger als 30 g Hasch nach dem Gesetz nicht bestraft werden kann, aber trotzdem verboten ist.

Klingt alles ziemlich widersinnig, ist aber so. Wobei anzumerken ist, daß in den genannten Beispielfällen in der Praxis wohl auch von deutschen Gerichten keine Verurteilung droht.

Strafen auch für Eltern und Erzieher?

Kaum Gefahr, sich selbst strafbar zu machen, besteht für Eltern von Drogenabhängigen und für Erzieher, sofern ihre Tätigkeit darauf abzielt, andere von deren Drogenabhängigkeit zu befreien, sie zu mildern oder mit dem Drogenkonsum verbundene Gesundheitsrisiken zu mindern.

So ist es selbstverständlich kein strafbarer Besitz oder Erwerb von Betäubungsmitteln, wenn Eltern oder Erzieher Drogensüchtigen offen oder heimlich Betäubungsmittel wegnehmen oder sicherstellen, um diese vom Konsum der BtM abzuhalten, um BtM zu vernichten oder sie an die Polizei weiterzugeben etc.

Nicht strafbar ist auch die Verschaffung von Spritzen an einen konsumwilligen Drogenabhängigen, die Abgabe von Einmalspritzen gegen Rückgabe gebrauchter Spritzen etwa im Rahmen von Spritzenaustauschprogrammen in Drogenberatungsstellen.

Auch die uneigennützige Geldhingabe an eine andere Person zu der Erwerb von Betäubungsmitteln ist nicht strafbar, wohl aber die Bereitstellung von Geldmitteln an eine dritte Person, um deren Handeltreiben zu ermöglichen oder zu fördern.

Strafbar ist zwar das sogenannte Verschaffen einer Gelegenheit zum BtM-Konsum, diese Strafvorschrift wendet sich aber in erster Linie an Betreiber von Drogenlokalen und sonstigen Rauschgiftumschlagplätzen, nicht gegen Eltern und Erzieher.

Die Überlassung von Wohnraum oder Räumlichkeiten, in denen Betäubungsmittel konsumiert werden, ist im privaten Bereich nur verboten, wenn zielgerichtet gerade durch den ermöglichten BtM-Konsum ein eigener geldwerter Vorteil erlangt wird. Das ist niemals bei normaler Wohnraumvermietung oder -überlassung an Süchtige gegeben.

Allgemein kann auch gesagt werden, daß es nicht strafbar ist, selbst untätig zu bleiben, wenn andere gegen das BtMG verstoßen. Bloßes Wissen von strafbaren Handlungen anderer, bloßes Gewährenlassen ist in der Regel strafrechtlich ohne Folgen. Allerdings kann in Einzelfällen akuter Gefahr strafbare unterlassene Hilfeleistung in Betracht kommen.

Es gibt keine Verpflichtung, von anderen begangene Straftaten bei der Polizei oder der Staatsanwaltschaft anzuzeigen, mit Ausnahme bestimmter Verbrechen, auch nicht künftig beabsichtigte Straftaten.

«Das Gericht»
Die Rechtsfolgen der Tat oder
«Wie wird bestraft?»

Strafrahmen, Drogenmengen, Straffreiheit

Das Gesetz bestimmt nicht nur, was bestraft wird, sondern auch, wie bestraft wird. Die Rechtsfolgen einer begangenen Straftat, die Höhe der Strafe richtet sich nach den Paragraphen 29 ff. BtMG. Danach gibt es im wesentlichen drei Strafkategorien.

1.

Den erhöhten Strafrahmen in besonders schweren Fällen mit einer Mindeststrafe von einem Jahr Freiheitsstrafe im Regelfall für diejenigen, die mit Betäubungsmitteln in nicht geringer Menge Handel treiben, sie abgeben oder besitzen oder die als Erwachsene BtM an Jugendliche abgeben.

Die Rechtsprechung sieht zur Zeit eine solche nicht geringe Menge beispielsweise als gegeben an

bei eineinhalb Gramm Heroinhydrochlorid für Heroin
bei fünf Gramm Kokainhydrochlorid für Kokain
bei siebeneinhalb Gramm THC für Cannabis.

Es hängt also von der Qualität des BtM ab, wann die nicht geringe Menge nach der Rechtsprechung überschritten ist. Bei überdurchschnittlicher Qualität muß also jemand, bei dem mehr als fünf Gramm Heroin (-gemenge) oder mehr als zehn Gramm Kokain oder mehr als 100g Cannabis gefunden werden, mit einer Freiheitsstrafe von mindestens einem Jahr rechnen.

Bei mehrfachem Anhäufen zum Eigenkonsum werden die Einzelmengen nicht addiert, es kommt also auf die Menge pro Erwerb (Besitz) an.

2.

Den «normalen» Strafrahmen von Geldstrafe bis zu maximal fünf Jahren Haft bei geringeren als den unter Erstens angegebenen Mengen und

3.

Die sogenannte geringe Menge, bei der eine Bestrafung und neuerdings auch eine Strafverfolgung ganz unterbleiben kann, sofern diese geringe Menge nur dem Eigenverbrauch dient.

Das heißt, der Verkauf, die Abgabe von Betäubungsmitteln wird immer bestraft, auch bei kleinen Mengen.

Das heißt auch, selbst der Erwerb oder Besitz geringster Mengen Betäubungsmittel bleibt immer strafbar, wird also nicht etwa erlaubt oder geduldet. Die Gerichte können lediglich von einer Bestrafung absehen, Polizei und Staatsanwaltschaft müssen bei Erwerb oder Besitz von Kleinstmengen nicht verfolgen (sie müssen die Betäubungsmittel aber, da verboten, beschlagnahmen und vernichten).

Was nun eine solche juristische «geringe Menge» genau ist, wird nicht gesagt. Die Praxis der Gerichte und Strafverfolgungsbehörden ist in der BRD völlig unterschiedlich und wechselt auch von Zeit zu Zeit.

In Hamburg wird z. Zt. nach allgemeiner Praxis nicht verfolgt, wer weniger als ein Gramm Heroin oder Kokain bzw. weniger als zwanzig Gramm Cannabis (etwa eine Streichholzschachtel voll) erwirbt oder besitzt.

In anderen Bundesländern wird weniger von Strafe und Strafverfolgung abgesehen, am härtesten dürfte die Praxis in Bayern sein, wo schon der Besitz von mehr als zwei Gramm Cannabis verfolgt wird.

Dies ist eigentlich auch der einzige Punkt, wo das Bundesverfassungsgericht in seiner kürzlich ergangenen Entscheidung Neues gebracht hat.

Anders als teilweise der Öffentlichkeit dargestellt, hat es nicht etwa die Freigabe von Cannabisprodukten erteilt, es hat lediglich festgestellt, daß es beim Besitz und Erwerb von lediglich geringen Mengen Cannabis zum Eigenverbrauch eine im Bundesgebiet einheitliche Praxis der Nichtverfolgung geben muß. – Das wird also für die Kiffer in Bayern und anderswo eine Verbesserung bedeuten, für die Norddeutschen bestenfalls keine Verschlechterung.

Vielleicht noch wichtig:

Das Privileg der Nichtverfolgung sollte bislang eigentlich nur dem «Ersttäter», dem Probierer zugute kommen. Das schließt aber nicht zwingend aus, daß auch bei mehrmaligem Erwischen der Kleinverbraucher straffrei ausgeht, so jedenfalls schon jetzt die Praxis in Hamburg und die allgemeine Tendenz.

Das Privileg der Nichtverfolgung trifft auch den bestreitenden Täter, nicht nur den geständigen.

Legalize – it?!

Es ist von den Juristen leider absolut nicht zu erwarten, daß es in absehbarer Zeit zu strafrechtlicher Freigabe von Drogen kommt. Wenn dies schon bei Hasch vehement bekämpft wird, gilt dies um so mehr für harte Drogen.

Es gibt sicher Entkriminalisierungsbemühungen dahingehend, die Bestrafung Drogenabhängiger durch Therapiemaßnahmen zu ersetzen. Es besteht bei Juristen aber eine panische Angst, es könne auch nur der Anschein erweckt werden, Betäubungsmittel würden offiziell erlaubt. Abgesehen davon, daß dies wegen der internationalen Suchtstoffabkommen nicht so einfach möglich wäre, fürchtet man sich vor allem davor, daß bei Freigabe die Zahl der Abhängigen sich noch erhöhen würde und jedenfalls bei nicht gleichzeitiger weltweiter Freigabe die nichtstrafenden liberalen Länder Anziehungspunkt für Drogenszene und Drogenhändler werden würden.

Ernsthafte Diskussion darüber, daß bei einer Freigabe von Betäubungsmitteln in Verbindung mit kontrollierter Abgabe der allergrößte Teil der Beschaffungskriminalität entfallen, der illegale Drogenmarkt zerschlagen, die Justiz und der Strafvollzug entlastet und Abhängigen besserer Gesundheitsschutz (Aids, Gefahren durch Qualitätsunterschiede und Beimengungen etc.) zuteil werden könnte, gibt es unter Juristen kaum.

Realistischerweise ist als Ziel allenfalls erreichbar, entsprechend dem Grundsatz der Straflosigkeit der Selbstschädigung diejenigen Verstöße gegen das jetzige BtMG straffrei zu bekommen, die Dritte nicht gefährden können. Das würde in der Praxis bedeuten, klare Eigenkonsumgrenzwerte festzuschreiben, bei denen der Erwerb, der Besitz und die Einfuhr nicht strafverfolgt werden.

Die Strafpraxis der Gerichte

Es gibt eine klare Linie: Hohe Strafen bei Heroin, etwas geringere bei Kokain und anderen Drogen wie LSD, manchen Amphetaminen etc., noch geringere Strafen beim Umgang mit Cannabisprodukten.

Hohe Strafen gegen Nur-Dealer, abgemilderte Strafen für Kleindealer, die mit dem Verkauf von Drogen lediglich ihren eigenen Konsum finanzieren, relative Milde bei reinen Konsumenten.

Ansonsten ist es bei der Höhe der zu erwartenden Strafen ähnlich wie bei den richtigen Preisen für die Betäubungsmittel: im Süden der BRD generell höher als im Norden, in Kleinstädten höher als in Großstädten.

Da jedes Gericht jeden Fall völlig unabhängig entscheiden kann, gibt es selbstverständlich keine einheitlichen «Preise». Auch innerhalb eines Gerichtsbezirks kann es für vergleichbare Fälle sehr unterschiedliche Urteile geben. Und natürlich ist jeder Fall anders...

Vom Gericht verhängte Freiheitsstrafen von bis zu zwei Jahren können zur Bewährung ausgesetzt werden. Da seit der Gesetzesänderung 1992 bundesweit verstärkt zwischen Händlern und Konsumenten differenziert wird, haben Drogenabhängige relativ große Chancen, eine Strafaussetzung zur Bewährung zu erhalten.

Es ist aber ein kleiner Haken dabei.

Voraussetzung für eine Strafaussetzung zur Bewährung ist die berechtigte Erwartung, daß die Verurteilten künftig keine Straftaten, d. h. also auch keinen Verstoß gegen das BtMG, mehr begehen werden. Natürlich werden für eine solche Prognose die allgemeinen

Lebensverhältnisse der Angeklagten herangezogen (Arbeit, gesicherte Wohnung, feste Beziehungen usw.), auch Vorstrafen sind von großer Bedeutung. Ganz entscheidend ist aber für das Gericht immer, wie die Angeklagten mit ihrer Drogensucht umgehen, d. h. konkret, was haben sie bis zur Gerichtsverhandlung bereits zur Bekämpfung ihrer Sucht getan, was ist für die Zukunft vorbereitet.

In der Praxis werden von den Gerichten, abgesehen von den Fällen lediglich geringer Verstöße gegen das BtMG und manchmal bei sogenannten «Ersttätern», kaum Konsumenten harter Drogen freigelassen bzw. in Freiheit belassen einfach nur mit deren Erklärung, die Drogensucht sei bereits beseitigt bzw. werde ganz allein aus eigener Kraft überwunden.

Die Frauen und Männer in Schwarz sehen ja auch immer wieder nur diejenigen vor Gericht, die es nicht geschafft haben, nicht die anderen. Und es scheint für jeden Juristen noch weniger als für andere Menschen vorstellbar, ein geordnetes Leben *mit* der Droge zu führen, allenfalls bei Gelegenheitskiffern. Drogenkonsum ist eben strafbar. Strafbare Handlungen gilt es für die Zukunft zu verhindern.

Das heißt im Ergebnis, allen im BtM-Zusammenhang Angeklagten kann jedenfalls aus Sicht des Strafverteidigers nur angeraten werden, sich so früh und so intensiv wie möglich um therapeutische Hilfe zu bemühen, und zwar so, daß dies dem Gericht auch dokumentiert werden kann.

Es sind also möglichst Nachweise zu erbringen über Kontakte zu Drogenberatern, therapeutischen Einrichtungen, über ärztliche Betreuung, Substitution etc. Gut ist in jedem Fall auch, wenn zur Gerichtsverhandlung Eltern und andere feste Bezugspersonen mitkommen, am besten auch Drogenberater oder andere Betreuungspersonen.

Leider zählen für die meisten Richter und Richterinnen ambulante therapeutische Hilfen nicht viel. Langzeittherapien in geschlossenen Einrichtungen sind unabhängig von ihrer fragwürdigen Effizienz zumindest für einen Teil der Drogenabhängigen offensichtlich dem Knast näher und schon von daher sympathischer und zudem besser kontrollierbar, was Durchführung und gegebenenfalls Abbruch der Therapie angeht.

Optimal ist deshalb, was die Chance für eine Strafaussetzung zur Bewährung angeht, wenn es eine Platzzusage für eine geschlossene Therapieeinrichtung gibt nebst Kostenzusage und Vorentgiftungsplatz.

Dann gibt es zumindest für diejenigen, die noch nicht mit dem Makel einer abgebrochenen Langzeittherapie behaftet sind, die erhoffte Bewährung, verbunden mit der «freiwilligen» Bereitschaftserklärung und der gerichtlichen Auflage, sich einer stationären Therapie in einer vom Gericht anerkannten Therapieeinrichtung zu unterziehen.

Nicht verschwiegen werden soll, daß es auch unter den Schwarzkitteln überall noch ganz ganz «schwarze» Schafe gibt, die jeden Drogenabhängigen lieber hinter Gittern sehen als in einer Therapieeinrichtung. Die Verhinderung von weiteren Straftaten ist eben am ehesten dadurch gewährt, daß alle potentiellen Straftäter im Knast sitzen.

Wesentlich günstiger sieht es, was die Strafandrohung angeht, für alle aus, die zum Zeitpunkt der begangenen Straftat noch nicht 21 Jahre alt sind. Hier findet die Verhandlung vor dem Jugendgericht statt.

Vor ein Gericht gestellt werden kann nur, wer zur Tatzeit über vierzehn Jahre alt ist. Bis zum vollendeten achtzehnten Lebensjahr gilt man rechtlich als Jugendlicher und muß nach Jugendstrafrecht behandelt werden, ab achtzehn Jahren bis zum 21. Geburtstag ist man Heranwachsender und kann vom Jugendgericht theoretisch je nach vom Gericht eingeschätztem Entwicklungsstand nach Jugendrecht oder Erwachsenenrecht verurteilt werden.

In der Praxis werden zumindest in Norddeutschland fast ausnahmslos alle Heranwachsenden nach dem Jugendrecht verurteilt.

Maßnahmen nach dem Jugendrecht sind für die Betroffenen in aller Regel wesentlich milder. Es gibt nicht den im Erwachsenenrecht geltenden Strafrahmen mit vorgeschriebenen Mindeststrafen. Es gibt als Reaktion auf Straftaten nicht nur Geldstrafen oder Freiheitsstrafen, sondern ein weiteres Spektrum von Maßnahmen von der bloßen Ermahnung über Arbeitsauflagen (in Krankenhäusern oder Altersheimen) bis zum sogenannten Arrest (kurzfristiger Freiheitsentzug bis max. vier Wochen) und zahlreiche verschiedene Betreuungsweisungen. Ein jugendlicher Drogenabhängiger erhält von den Gerichten zumeist erheblich mehr Chancen und muß nur in Ausnahmefällen (bei größerer Anzahl von Vorverurteilungen oder großen Mengen harter Drogen) mit Knast rechnen. Außerdem bleibt sein Führungszeugnis auch nach Verurteilungen zumeist sauber. Erst wenn ein Jugendlicher oder Heranwachsender mehr als ein Jahr Jugendhaft verbüßen mußte, steht dies im Führungszeugnis.

Bei Erwachsenen hingegen erfolgt eine Eintragung ins Führungszeugnis bereits bei der Verhängung von Geldstrafen mit mehr als 90 Tagessätzen oder Verurteilungen zu mehr als drei Monaten Haft.

Therapie statt Strafe

Aus dem Knast ist kaum jemals jemand als besserer Mensch rausgekommen, als er reingegangen ist.

Dafür ist der konkrete Strafvollzug viel zu schlecht; das, was an Verhalten im Knast dazugelernt wird, führt nicht gerade dazu, das Leben draußen besser zu meistern.

Das gilt für alle Verurteilten, ganz besonders aber für Drogenabhängige.

Die Droge ist im Knast allgegenwärtig und für die meisten leicht zu bekommen. Sich ihr unter den bedrückenden Umständen der Inhaftierung zu entziehen ist mindestens genauso schwer wie draußen. Die Begleitumstände des Erwerbes und des Konsums sind oft erniedrigender, die gesundheitlichen Gefährdungen viel größer als draußen in Freiheit. Gerade bei den oft empfindsamen, sensiblen, Auseinandersetzungen meidenden und überdurchschnittlich intelligenten Drogenabhängigen ist die Persönlichkeitszerstörung gerade durch den Strafvollzug erheblich.

Diese Erkenntnis hat sich nicht nur bei Richtern, sondern auch bei der Staatsanwaltschaft als Vollstreckungsbehörde allmählich durchgesetzt.

Außerdem quellen die Strafanstalten ohnehin über. Also: Therapie statt Strafe für Drogenabhängige.

Entsprechend diesem Grundsatz hat der Gesetzgeber in den Paragraphen 35, 36 BtMG bestimmt, daß Verurteilte, denen ein Gericht im Urteil nicht die Chance der Strafaussetzung zur Bewährung gegeben hat, unter bestimmten Umständen die Strafe nicht in einer Strafvollzugsanstalt verbüßen müssen.

Voraussetzung dafür, auf diese Weise den Knast zu vermeiden, ist zum einen, daß die von dem Gericht gegen den Angeklagten verhängte Freiheitsstrafe nicht mehr als zwei Jahre beträgt bzw. die noch zu verbüßende Freiheitsstrafe nicht mehr als zwei Jahre beträgt. Bei mehreren verhängten Freiheitsstrafen kann die Summe auch zwei Jahre überschreiten.

Weiterhin muß die Straftat auf Grund einer Betäubungsmittelabhängigkeit begangen sein. Sind diese Voraussetzungen erfüllt, so stimmen Staatsanwaltschaft und verurteilendes Gericht in der Regel einer Zurückstellung der Strafvollstreckung zu, wenn der oder die Verurteilte sich entweder schon in einer Therapieeinrichtung befindet oder aber der Therapiebeginn gewährleistet ist; d. h. in der Praxis, der/die Verurteilte muß seine/ihre Therapiewilligkeit erklären, es muß eine Therapieplatzzusage einschließlich Vorentgiftungsplatz und Kostenzusage vorliegen.

Die Therapie kann nach dem Gesetz in jeder fachwissenschaftlich oder staatlich anerkannten Einrichtung erfolgen, die der Suchtbehandlung von Drogenabhängigen dient.

Es muß sich nicht zwingend um eine geschlossene Einrichtung handeln, in der eine stationäre Langzeittherapie durchgeführt wird.

Nach dem Gesetz kommen auch ambulante Therapien oder Mischformen (Therapiekette) in verschiedenen Einrichtungen grundsätzlich in Betracht.

In der Praxis wird einer stationären Therapie in einer anerkannten Einrichtung fast immer zugestimmt, selbst dann, wenn es zuvor schon fehlgeschlagene Therapieversuche gegeben hat.

Ambulanten Behandlungen wird mit wesentlich größerem Mißtrauen begegnet.

Zwar wird zunehmend die Notwendigkeit gesehen, Abhängigen mit noch intaktem sozialem Umfeld zumindest durch eine Verbindung von stationärer und ambulanter Therapie die sozialen Bezüge zu erhalten.

Aber erstens soll die Therapie anstelle der Strafe nicht die «normale» Freiheit bedeuten, zweitens fehlt aus staatlicher Sicht die Kontrolle.

Ergebnis: ambulanten Behandlungen anstelle von Strafvollzug wird allenfalls unter strenger Kontrolle zugestimmt, was in der Praxis zumindest regelmäßige Urinkontrollen und regelmäßige Berichtsmeldungen durch Ärzte und Therapieeinrichtungen bedeutet.

Folge einer erfolgreich durchgeführten Therapie ist erstens, daß die in einer Therapieeinrichtung verbrachte Zeit als Haftzeit auf die Strafe angerechnet wird, und zweitens, daß die noch verbleibende Restfreiheitsstrafe zur Bewährung ausgesetzt wird, zumeist mit weiteren Auflagen (Nachsorge, Urinkontrolle). Nach einer erfolgreich durchgeführten Therapie soll niemand wieder in den normalen Strafvollzug zurück müssen.

Auch die Anrechnung von ambulanten Behandlungszeiten als Haftzeit ist gem. Paragraph 36 III BtMG möglich, wenn die ambulante Therapie erheblichen Aufwand und Mehrbelastung gebracht und die freie Gestaltung der Lebensführung erheblich eingeschränkt hat.

Probleme ergeben sich immer bei einem Therapieabbruch.

Dies bedeutet nicht unbedingt wieder Knast. Damit die Zurückstellung der Strafvollstreckung aber nicht umgehend widerrufen wird, ist es dringend erforderlich, erstens sich sofort um eine neue Therapie, zur Not auch um eine ambulante, zu kümmern, am besten auch eine Drogenberatungsstelle aufzusuchen und zweitens sich sofort mit dem Nachweis der neuen Therapiebemühungen persönlich bei der für die Strafvollstreckung zuständigen Staatsanwaltschaft zu melden.

Therapieabbrüche sind so normal und so häufig, daß jedenfalls bei weiterer Therapiebereitschaft und erfolgten Therapiebemühungen oder bei aus sonstigen Gründen (Arbeitsplatz etc.) positiver Prognose in der Regel kein Widerruf erfolgt, sondern neue Weisungen erteilt werden.

Rechte der Betroffenen und rechtliche Hilfen

Abschließend noch einige allgemeine rechtliche Tips und Hinweise.

Die typische Konfrontation von Eltern Drogenabhängiger mit dem Strafrecht beginnt oft damit, daß sie von der Polizei erfahren, daß gegen ihr Kind ein Strafverfahren läuft, schlimmstenfalls, daß sie von der Festnahme ihres Kindes erfahren oder die Polizei plötzlich in der Haustür steht, um die Wohnung zu durchsuchen oder das Kind festzunehmen.

Was ist zu tun, welche Rechte gibt es? Eine Durchsuchung durch die Polizei und eine Festnahme dürfen immer erfolgen, wenn ein entsprechender richterlicher Beschluß vorliegt.

Bei sogenannter «Gefahr im Verzug» dürfen auch die Staatsanwaltschaft und bestimmte Polizeibeamte diese Anordnungen direkt vor Ort treffen. Nach Auffassung der Polizei liegen diese Voraussetzungen eigentlich immer vor. Dem ist zwar nicht so, in der Praxis können sich die Betroffenen gegen die angeordneten Sofortmaßnahmen der Polizei aber kaum mit der Folge zur Wehr setzen, daß die Maßnahmen unterbleiben.

Wichtig ist: In der Regel ist nur die Durchsuchung der Räumlichkeiten gestattet, die der Verdächtige selber nutzt oder mitbenutzt, nicht die privaten Räume anderer Familienmitglieder.

Der Inhaber der zu durchsuchenden Räume hat bei der Durchsuchung ein Anwesenheitsrecht, ist er nicht da, soll eine andere Person dabeisein. Die Polizei muß den Zweck der Durchsuchung vor deren Beginn bekanntgeben, es muß nach der Durchsuchung ein Verzeichnis der beschlagnahmten Gegenstände ausgehändigt werden. Verdächtige müssen in der Regel Personalienfeststellung und erkennungsdienstliche Maßnahmen (Fotos, Fingerabdrücke) erdulden.

Von der Polizei Festgenommene müssen, wenn sie nicht wieder entlassen werden, spätestens am nächsten Tage dem zuständigen Richter vorgeführt werden, der über die weitere Haft zu entscheiden hat.

Voraussetzung für die Verhängung von Haft (Untersuchungshaft) ist neben dem dringenden Tatverdacht das Vorliegen von Flucht- oder Verdunklungsgefahr, in bestimmten Fällen schwerer Straftaten auch von Wiederholungsgefahr. Tatsächlich ist Fluchtgefahr bei jüngeren Straftätern und insbesondere bei Drogenabhängigen kaum je gegeben. Wer ist schon gewillt und finanziell in der Lage, für längere Zeit unterzutauchen oder in ein fremdes Land zu verschwinden.

Trotzdem wird von den Haftrichtern auch bei weniger schweren Taten und bei üblichem Nichtvorliegen von Verdunklungsgefahr sehr oft, viel zu oft Untersuchungshaft unter dem Vorwand der angeblichen Fluchtgefahr angeordnet.

Dahinter steckt meines Erachtens zumeist der Wille, durch die Haft einerseits weitere Straftaten (Beschaffungskriminalität oder Verstöße gegen das BtMG) zu verhindern, obwohl dies eigentlich kein vom Gesetz gedeckter Haftgrund ist, andererseits dem BtM-Abhängigen zum zwangsweisen Entzug zu «verhelfen».

Drogenabhängige haben jedenfalls bei den Haftrichtern zumeist besonders schlechte Karten, werden schnell in Untersuchungshaft genommen und meist nur dann entlassen, wenn eine direkte Überführung in eine geschlossene Therapieeinrichtung erfolgen kann.

Die ersten Tage Untersuchungshaft sind für Drogenabhängige zumeist extrem schlimm. Sie müssen durch den «kalten» Entzug, einen «Affen schieben» oder nur mit völlig unzureichender ärztlicher oder medikamentöser Hilfe auskommen. Das führt manchmal zu großer Aussagebereitschaft, was insbesondere die Polizei erfreut.

Angehörige erhalten relativ problemlos vom zuständigen Haftrichter eine Besuchsgenehmigung. Das dauert aber zumeist zehn

Tage oder mehr. Die weitere Abfolge des Strafverfahrens gestaltet sich wie folgt:

Die Polizei ermittelt im Auftrage der Staatsanwaltschaft. Bei hinreichendem Tatverdacht wird Anklage erhoben und ein Gerichtsverfahren eingeleitet, das in der Regel nach mündlicher Hauptverhandlung mit einem Urteil durch das zuständige Gericht endet.

Weder Beschuldigte noch Zeugen müssen bei der Polizei aussagen oder überhaupt nur erscheinen. Als Beschuldigter hat man im gesamten Strafverfahren das Recht zu schweigen. Zeugen müssen vor der Staatsanwaltschaft und dem Gericht aussagen. Dort müssen auch alle bei Vorladungen erscheinen.

Eltern und andere nahe Angehörige haben ebenso wie Verlobte immer ein Zeugnisverweigerungsrecht und müssen nie aussagen, sie können es aber.

In jedem Stadium des Ermittlungsverfahrens können sich Beschuldigte eines Anwalts bedienen.

Man hat also das Recht, schon bei einer Hausdurchsuchung oder einer Festnahme einen Anwalt anzurufen. Ein Rechtsanwalt kostet in der Regel Geld. Trotzdem sollte man ihn zumindest in allen Fällen, in denen eine Verurteilung oder gar eine Inhaftierung droht, möglichst frühzeitig heranziehen. In vielen größeren Städten gibt es sogenannte Anwaltsnotdienste, über die Tag und Nacht ein Anwalt, in der Regel ein erfahrener Strafverteidiger, schnell zu erreichen ist und zumindest telefonisch schnell um Rat gebeten werden kann. In dringenden Fällen wird der Anwalt auch kommen.

Anwälte kann man sich aus dem Telefonbuch aussuchen. Man kann auch die jeweiligen Anwaltskammern nach geeigneten Anwälten, die in jedem Fall Strafverteidiger sein sollten, befragen.

Leider trifft die oft gehörte Ansicht nicht zu, daß Rechtsanwälte bei geringem eigenem Einkommen vom Staat bezahlt werden.
Prozeßkostenhilfe (das, was früher «Armenrecht» hieß) gibt es nur im Zivilrecht, nicht im Strafrecht.

Seinen Verteidiger muß man also in der Regel selber bezahlen, es ist aber meistens nicht so teuer wie befürchtet. In jedem Fall sollte man frühzeitig über das anfallende Anwaltshonorar sprechen.

In bestimmten Fällen gibt es allerdings einen gesetzlichen Anspruch auf einen (zumindest zunächst) vom Staat bezahlten Verteidiger. Das sind die Fälle sogenannter notwendiger Verteidigung, die insbesondere dann vorliegen, wenn jemand mehr als drei Monate sich in Haft befindet, wegen einer besonders schweren Tat (eines Verbrechens) oder beim Landgericht angeklagt wird, was ebenfalls nur bei bestimmten besonders schweren Straftaten erfolgt.

Rat und Hilfe sollten sich Eltern von Drogenabhängigen in jedem Fall holen, wenn nicht beim Anwalt, was hoffentlich nicht erforderlich ist, so jedenfalls bei den zahlreichen Drogeneinrichtungen.

Hermann Schlömer

Drogenabhängigkeit vorbeugen – aber wie?

Ende April 1994 entschied das Bundesverfassungsgericht (BVG): Der Erwerb und Besitz von Haschisch und Marihuana solle weiterhin ein Straftatbestand bleiben. Wenn er aber in geringen Mengen zum Eigenverbrauch erfolge, sollte zukünftig von einer Bestrafung der Konsumentinnen und Konsumenten abgesehen werden. Die öffentliche Reaktion auf dieses Urteil war heftig und gespalten. Auf der einen Seite wurde es als längst überfälliger erster Schritt weg von einer unverhältnismäßigen und ungerechten Kriminalisierung vieler, vor allem junger Menschen in diesem Lande begrüßt. Auf der anderen Seite waren jedoch Aufregung, Entsetzen und Verärgerung nicht zu überhören. Der Bayerische Innenminister Beckstein (CSU) formulierte neben Bundesjugendministerin Merkel (CDU), dem Bundesdrogenbeauftragten Lindtner (CSU) und dem bundesweiten Fußballidol Lothar Matthäus in der Bildzeitung vom 29. 4. 94: «Das Urteil ist das falsche Signal. Haschisch ist... eine hinterlistige Droge. Für zwei Drittel der Drogentoten war Hasch der Einstieg.»

1. Die große Sorge

Viele Eltern, Lehrerinnen und Lehrer und in der Kinder- und Jugendarbeit tätige Pädagoginnen und Pädagogen sind tatsächlich nach wie vor von der Sorge ergriffen, die eigenen oder die anvertrauten Kinder bzw. Jugendlichen könnten durch Gleichaltrige oder profitgierige und skrupellose Dealer zum Probieren von Haschisch bzw. anderen illegalen «Einstiegsdrogen» verführt werden. Sie seien dann gefährdet, auch dem Heroinspritzen zu verfallen, kriminell zu werden, sich zu prostituieren, zu verelenden und schließlich als Drogenabhängige an einer Überdosis zu sterben. Welche verantwortungsvolle Mutter, welcher Vater, welche/r Pädagogin/Pädagoge möchte seinen (anvertrauten) Kindern bzw. Jugendlichen nicht dieses Schicksal ersparen?

2. Das Konzept der letzten Jahrzehnte: Abschreckung

Die in den letzten 25 Jahren in der Bundesrepublik Deutschland zumeist bevorzugten Antworten auf die Frage, wie eine Ausbreitung von Drogenabhängigkeit verhütet werden könne, waren: Verbot des Konsums der sogenannten «Rauschgifte», rigorose gesetzliche und pädagogische Strafandrohungen und Bestrafungen für das Zuwiderhandeln sowie eindringliche Warnungen vor den Risiken jeglichen Konsums der geächteten Stoffe.

Dementsprechend wurde Anfang der siebziger Jahre auch der dem eigenen Verbrauch dienende Besitz und Erwerb von Cannabis (Haschisch und Marihuana), LSD, Kokain, Heroin und anderer Drogen unter rigorose gesetzliche Strafe gestellt. Auffällige Konsumentinnen und Konsumenten der illegalen Drogen wurden nicht selten hart bestraft, ins Gefängnis gesteckt und «zum Schutz der anderen» aus Schulen und Jugendfreizeiteinrichtungen verbannt. In sogenannten Aufklärungsbroschüren der Polizei, des Zolls und engagierter Verbände, aber auch in Schulbüchern wurden Herointote oder abszeßübersäte Arme von «Fixern» gezeigt, die Konsequenzen des Gebrauchs der illegalisierten Drogen in den negativsten Formen beschrieben. Eine vierzehnjährige Heroinabhängige vom Bahnhof Zoo in Westberlin, Christiane F., wurde durch eines der meistverkauften Bücher und seine überaus erfolgreiche Verfilmung zum bundesweit bekannten Abschreckungsmodell aufgebaut. Viele Lehrerinnen und Lehrer behandelten in vorbeugender Absicht dieses Buch im Unterricht und führten ihre Klassen zum Besuch des Films in die Kinos.

Die Angst vor der Bestrafung und vor den drastisch verdeutlichten «bösen Folgen» des Konsums illegaler Drogen, so die verbreitete Struwwelpeter-Hoffnung, schrecke Kinder und Jugendliche davor ab, zu den als extrem gefährlich eingeschätzten Stoffen zu greifen. Man sprach von Drogenprävention, zu deutsch, von der Verhütung des Konsums illegaler Drogen.

3. Die Negativbilanz drogenpräventiver Abschreckung

Schon 1980 stellt die Bundeszentrale für gesundheitliche Aufklärung (BzgA) fest: Auf Abschreckung abzielende Drogenkunde ist offenbar wenig geeignet, Jugendliche vom Drogenkonsum abzuhalten (vgl. Bundeszentrale, Unterrichtswerk). Diese Einschätzungen werden durch verschiedene Untersuchungen und Daten bestätigt:

● 1979 wurden in Hamburg von Mitarbeitern der damaligen Gesundheitsbehörde die Auswirkungen eines großen Anti-Drogen-Festivals untersucht. Braunschweig u. a. fanden heraus, daß die Ablehnung des Drogenkonsums bei den befragten Festivalteilnehmern nach dem Festival geringer ausfiel als vorher. Vorhandene Drogenprobierbereitschaften werden, so die Autoren der Festivaluntersuchung, bis zum dritten Lebensjahrzent durchweg auch in die Tat umgesetzt.

● Ich selbst habe 1981 geprüft, wie der Film «Christiane F. . . .» die Drogenprobierbereitschaft von Haupt- und Realschülern / -innen der achten und neunten Jahrgangsstufen beeinflußt. Die Befragungen von 105 Schülerinnen und Schülern vor, wenige Tage und vier Wochen nach dem Kinobesuch ergab eine deutliche Zunahme der Bereitschaft, illegale Drogen zu konsumieren (vgl. Schlömer u. a.)

● Auch die von der BzgA beauftragten Verfasser einer Studie, in der die Wirksamkeit verschiedener Präventionskonzepte untersucht wurde, kamen 1992 zu dem Schluß, daß besonders abschreckungsorientierte «Informationsvermittlung» über Drogen «ineffektiv» oder sogar «schädlich im Hinblick auf die Reduzierung eines Mißbrauchsverhaltens ist.» (Bundeszentrale, Expertise, S. 8)

● Das Ausbleiben drogenpräventiver Abschreckungserfolge illustrieren besonders klar die Daten der polizeilichen Kriminalstatistik. Trotz der 1980 erneut vorgenommenen gesetzlichen Verschärfung der Bestrafung des illegalen Drogenkonsums und des seit 1970 starken personellen Ausbaus der polizeilichen Rauschgiftdezernate in Bund und Ländern hat sich die Zahl der von der Polizei registrierten Konsumentinnen und Konsumenten illegaler Drogen vom Ende der sechziger Jahre an bis heute in den alten Bundesländern enorm erhöht. Von 1969 bis 1992 stieg die Zahl der polizeilich erfaßten «Rauschgiftvergehen» von 4761 auf 123 903, die Zahl der im Zusammenhang mit diesen Delikten registrierten Tatverdächtigen von 4405 auf 93 038. Der überwiegende Anteil dieser Delikte betrifft immer noch den Besitz und Erwerb von Cannabis zum Eigenverbrauch. Die meisten Tatverdächtigen sind bundesweit Cannabiskonsumenten. Auch die jährlich von der Polizei festgehaltene Zahl der jeweils neu auffälligen Konsumentinnen und Konsumenten sogenannter harter Drogen (zumeist Heroinkonsumentinnen und Heroinkonsumenten) hat vor allem seit 1985 stark zugenommen, nämlich von 3246 im Jahre 1985 auf 14346 im Jahre 1992 (vg. BKA, Rauschgiftjahresberichte).

4. Die Kriminalisierung des Drogen-konsums – ein präventives Hindernis

Die auf Abschreckung zielende Kriminalisierung des Drogenkonsums ist offenbar nicht nur weitgehend wirkungslos. Sie erschwert auch präventive Bemühungen:

Christiane F. lernte schon sehr früh, «daß alles, was erlaubt ist, unheimlich fade ist und daß das Verbotene Spaß bringt.» (S. 29) Viele Jugendliche begegnen der aktuellen Illegalisierung des Drogenkonsums mit der Haltung: «Was verboten ist, macht mich gerade scharf.» Das Verbot beinhaltet eine verführerische Aufforderung zur Grenzüberschreitung oder sogar zum Abenteuer des «Räuber-und-Gendarm-Spiels» auf der illegalen Drogenszene. Der Reiz des Verbotenen dürfte beim Konsum der illegalisierten Drogen besonders hoch zu veranschlagen sein. Denn er wird nur selten durch Schuldgefühle geschmälert. Diese entstehen bekannterweise eher im Zusammenhang mit Verhaltensweisen, durch die Dritte direkt Schaden erleiden. Im Unterschied zu beispielsweise Diebstählen oder Tabakrauchen ist das beim illegalen Drogenkonsum ja nicht der Fall.

Auch die Rückläufigkeit des jugendlichen Cannabiskonsums in den Niederlanden (vgl. Der Spiegel, 1994 Nr. 18, S. 240) zeugt spiegelverkehrt von der Attraktivität des Verbotenen. Niederländische Experten erklären diese Entwicklung mit einem Attraktivitätsverlust des Cannabiskonsums, der durch die praktizierte Entkriminalisierung des Konsums entstanden sei.

Aus präventiver Sicht noch schwerer wiegen zwei weitere Risiken, die mit der Kriminalisierung des Drogengebrauchs einhergehen. Zum einen lähmt die Angst vor Entdeckung und Bestrafung die Bereitschaft vieler Jugendlicher, mit erwachsenen Gesprächspartnerinnen und Gesprächspartnern offen über Probiererfahrungen, die sie mit illegalen Drogen machen, zu reden und nachzudenken. Infolgedessen werden Rat- und Hilfsbedürfnisse oft nicht bzw. zu spät geäußert und dadurch insbesondere von den erwachsenen Bezugspersonen nicht oder nicht rechtzeitig wahrgenommen. Das erschwert häufig die erforderliche Aufmerksamkeit und Fürsorge der familiären, schulischen, beruflichen oder sonstigen sozialen Umgebung im Falle von Gefährdungen. Zum anderen beschert die geltende Gesetzeswidrigkeit vielen Drogenkonsumentinnen und Drogenkonsumenten ja bereits im Probierstadium Ablehnungen, Ausgrenzungen und Bestrafungen durch Eltern, Schule, Arbeitgeber oder den Staat. Das kann Trotzverhalten und zunehmende Identifizierung der Betroffenen mit dem gemaßregelten Verhalten und der dazugehörigen Subkultur, der illegalen Drogenszene, provozieren.

Beide beschriebenen präventiven Risiken können also ein Abgleiten in Drogenabhängigkeit noch befördern bzw. beschleunigen. Daher scheint mir ein Verzicht auf Verbots- und Strafpädagogik, auf Ausgrenzung und Kriminalisierung aus präventiver Sicht geboten. Unter dieser Voraussetzung werden Jugendliche sich eher und rechtzeitiger trauen, mit Erwachsenen angstfrei und offen über die eigenen Drogenkonsumerfahrungen sowie gegebenenfalls und dann in einem frühen Stadium über Konsumprobleme und deren Hintergründe zu sprechen.

5. Aus abschreckungspädagogischen Fehlern lernen!

Es lohnt sich, auch dem Scheitern drogenpräventiver Abschreckungspädagogik näher auf den Grund zu gehen. Genaueres Wissen über die ursächlichen Fehler ermöglicht nämlich orientierende Schlußfolgerungen für erfolgreicheres präventives Handeln:

a) Zweifellos müssen Kinder und Jugendliche rechtzeitig und altersgemäß über die Risikopotentiale der Suchtstoffe informiert werden, mit denen sie in ihren Lebenswelten konfrontiert sind. Drogenprävention, die sich im wesentlichen oder nur um eindringliche Risikoaufklärung bemüht, überschätzt jedoch erheblich den Einfluß, den eine Vermittlung von Faktenwissen auf das menschliche Verhalten haben kann. Selbst die Berufsgruppe, die sich im Verlauf ihrer Aus- und Fortbildung wohl das meiste Wissen über gesundheitsschädigende Verhaltensweisen aneignet, verhält sich nach vorliegenden Untersuchungsergebnissen auch in bezug auf den Konsum der legalen Drogen Nikotin und Alkohol keineswegs gesundheitsbewußter als die durchschnittliche Bevölkerung (vgl. Frankfurter Rundschau, 20. 3. 93). Die vielen Millionen aktuellen oder ehemaligen Nikotinraucherinnen und Nikotinraucher in diesem Lande wissen aus eigener Anschauung, wie begrenzt die Wirkungen drogenkundlicher Risikoinformationen sind. Welcher Tabakraucher oder Tabakinteressierte läßt sich schon allein durch die kleingedruckten Warnungen der Gesundheitsministerinnen und Gesundheitsminister, die sich auf den Verpackungen und Werbeträgern der Tabakwaren befinden, vom Nikotinkonsum abhalten?

Das erste, was wir aus dem Scheitern drogenpräventiver Abschreckungspädagogik lernen können, ist also: Wer Kindern und Jugendlichen helfen will, Drogenabhängigkeiten zu vermeiden, der darf sich nicht darauf beschränken, auf mögliche Gefahren des Drogenkonsums hinzuweisen.

b) «Alkohol ist keine Droge», stellte 1980 der Verband der Spirituosenhersteller fest. Vorausgegangen war ein Schreiben der damaligen Bundesgesundheitsministerin Anke Huber (SPD) an den «Arbeitskreis Alkohol», in dem sie den Produzenten von Alkoholika versichert hatte: «Sie können davon ausgehen, daß die Abgrenzung zwischen Genußmitteln, also auch alkoholischen Getränken, und Drogen weiterhin gilt, insbesondere deshalb, weil eine scheinbare Gleichsetzung mit illegalen Drogen deren Gefährlichkeitsgrad herabsetzt.» (Scheerer, Vogt, S. 6)

Diese Erklärung und die ihr entsprechende Feststellung der Alkoholindustrie folgen einem doppelmoralischen argumentativen Strickmuster, das für das Scheitern der drogenpräventiven Abschreckungspädagogik bis heute wesentlich mitverantwortlich ist: Die oft unsachliche

Überzeichnung der Risiken des Konsums der illegalisierten Drogen einerseits sowie die Unterschlagung der Genuß- und Problemlinderungspotentiale dieser Stoffe andererseits gehen einher mit einer Verharmlosung der Risiken des Konsums der legalen Drogen. Auch das BVG-Urteil vom April 1994, das wegen seiner Befürwortung eines Strafverzichts gegenüber Cannabiskonsumentinnen und Cannabiskonsumenten für so viel doppelmoralische Aufregung bei den Alkoholkonsumentinnen und Alkoholkonsumenten gesorgt hat, betreibt die Doppelmoral selbst noch weiter. Daß Alkohol und Nikotin erlaubt, Haschisch aber verboten sei, wird von den Richtern nicht beanstandet. Nikotin sei, so der Richterspruch, schließlich kein Rauschmittel, und Alkohol werde überwiegend nicht des Rausches wegen konsumiert (vgl. TAZ und Frankfurter Rundschau vom 29. 4. 94).

Zweifellos geht es den meisten Tabakraucherinnen und Tabakrauchern und vielen, die ein Glas Bier oder Wein zum Essen trinken, nicht um ein Rauscherlebnis. Aber jährlich über 40 000 Tote in direkter Folge von übermäßigem Alkoholkonsum, die zahlreichen alkoholkonsumbedingten Gewalttaten, Verkehrs- und Arbeitsunfälle mit Verletzungs- und Todesfolgen, die ca. 2,5 Millionen behandlungsbedürftigen Alkoholikerinnen und Alkoholiker, die jährlich über 100 000 Toten (zum Beispiel durch Lungenkrebs- und Herz-Kreislauf-Erkrankungen) infolge intensiven Langzeitkonsums von Nikotin, die Mühen und Rückfälle von Millionen süchtiger Tabakraucherinnen und Tabakraucher, die ca. 800 000 Medikamentenabhängigen in diesem Lande usw. unterstreichen: Alkoholika, Nikotin und Psychopharmaka sind nicht nur Genuß- oder Heilmittel, sondern Drogen, deren Konsum zur Zeit insgesamt zu weit mehr Sucht- und anderen gravierenden Problemen führt als der Gebrauch der illegalen Drogen. Abschreckende Warnungen vor den Gefahren des Konsums der illegalisierten Drogen aus dem Munde derer, die mit den legalen Drogen unübersehbar ihre massiven Probleme haben und dennoch die Schadensbilanz des legalen Drogenkonsums vergleichend herunterspielen, müssen unglaubwürdig wirken.

Wie unsere Ururgroßväter, die noch zu Beginn dieses Jahrhunderts ungestraft Simon-Arzt Nr. 2 oder andere Zigaretten mit fünf bis zehn Prozent Cannabisanteilen rauchten (vgl. Behr, S. 165), suchen die Haschischkonsumentinnen und Haschischkonsumenten von heute auch die beruhigenden und sinnlich intensiven Wirkungen der Hanfdroge. Coca Cola wurde Ende des 19. Jahrhunderts nicht zuletzt wegen der aufputschenden Wirkung von Coca, dem Ausgangsstoff von Kokain, getrunken. Wenn gegenwärtig Kokain konsumiert wird, dann geschieht das mit derselben Absicht. Und das vor knapp 100 Jahren von der Pharmafirma Bayer auf den Markt gebrachte «heroische» Hustenmittel Heroin vermittelt auch jetzt Konsumentinnen und Konsumenten euphorische Gefühle und Betäubung. Die Unglaubwürdigkeit abschreckungspädagogischer Drogenprävention wird noch dadurch verstärkt, daß die Genuß- und Problemlinderungspotentiale der illegalen Drogen in der Regel ignoriert oder verschwiegen werden. Erwachsene, die das tun, wirken auf die Konsumierenden und Konsuminteressierten nicht nur unglaubwürdig, sondern auch inkompetent. Sie werden, wie eine neuere Untersuchung in den neuen Bundesländern zeigt, als Gesprächspartnerinnen und Gesprächspartner von vielen Jugendlichen deshalb abgelehnt (vg. Barsch und Kappeler). Ihre Hinweise auf Gefahren des Konsums illegaler Drogen werden nicht selten pauschal als unstimmig abgetan. Das kann dazu verführen, die tatsächlich beim Konsum illegaler Drogen zu berücksichtigenden Risiken, zum Beispiel das hohe Suchtpotential auch von gerauchtem oder inhaliertem Heroin, zu unterschätzen.

Wer mit Kindern und Jugendlichen über Drogen ins Gespräch kommen will, um ihnen dadurch Probleme mit diesen Stoffen vermeiden zu helfen, der sollte alle Drogen einbeziehen, die Genuß- und Heilpotentiale aller Drogen nicht vergessen und bei der Risikoaufklärung Überdramatisierungen und Verharmlosungen vermeiden.

c) Drogenprävention, die im wensentlichen vor den Risiken des Konsums illegaler Drogen warnt, unterschätzt die Normalität menschlicher und vor allem jugendlicher Risikobereitschaft. Menschen finden oft erst Lebenszufriedenheit durch wagemutiges Verhalten und in riskanten Abenteuern. Formel-1-Rennfahrer, alpine Abfahrtsläuferinnen und Abfahrsläufer, Bergsteigerinnen und Bergsteiger und Bungee-Springerinnen und Bungee-Springer demonstrieren das nur auf besonders markante Weise. Alltäglicher ist die Lust auf spannende Reiseerlebnisse, aufregende Beziehungserfahrungen, am Nervenkitzel schnellen Autofahrens, beim wöchentlichen Lotto- und sonstigem Glücksspiel, ja generell das menschliche Vergnügen am Risiko des Neuen. Die Werbepsychologen, die für die Vermarktung der legalen Drogen arbeiten, haben das längst erkannt. «Taste the adventure!» («Probiere das Abenteuer!») heißt zum Beispiel der Slogan, mit dem zur Zeit für den Kauf und Gebrauch der Camel-Zigaretten geworben wird.

Für die Lebensphase Jugend ist Experimentier- und auch Risikoverhalten nicht nur normal, sondern sogar unentbehrlich für die persönliche Entwicklung. Wie Franzkowiak nachweisen konnte, beinhaltet das Aufsspielsetzen der körperlichen Gesundheit für Jugendliche eine Möglichkeit der Selbsterkundung (vgl. S. 22). Im Umgang mit Risiken testen Jugendliche ihre Fähigkeiten und Grenzen. Zwangsläufig kommt es dabei immer wieder zu Grenzüberschreitungen, die aus erzieherischer Sicht mehr oder weniger vertretbar sind. Überdramatisierungen solcher Verhaltensweisen sind bei der Selbstfindung hinderlich. Kinder und Jugendliche brauchen Risikospielräume, aber auch erwachsene Vertrauenspersonen, die ihnen mit der gebotenen Gelassenheit helfen, die Risikoerfahrungen zu reflektieren und Verhaltenssicherheiten zu gewinnen.

All das trifft im Prinzip auch für den experimentellen Umgang mit illegalen Drogen zu. Insbesondere das Ausprobieren von Haschisch ist in den alten Bundesländern der Bundesrepublik Deutschland unter Jugendlichen weit verbreitet. Diese Konsumexperimente beeinträchtigen in der Regel nicht die Persönlichkeitsentwicklung. Sie münden in den meisten Fällen nicht in einen dauerhaften oder unkontrollierten Gebrauch von Cannabis und auch nicht in Drogenabhängigkeit (vgl. Shedler/Block sowie Simon u. a., S. 21f).

d) «Schlimm genug, daß es Drogen gibt!» heißt es in einer aktuellen Anzeigenkampagne der Bundeszentrale für gesundheitliche Aufklärung (BzgA). «Keine Macht den Drogen!» läßt die BzgA bundesweit berühmte Sportlerinnen und Sportler wie Lothar Matthäus und Steffi Graf auf öffentlichen Plakaten, in Faltblättern der Deutschen Bundesbahn und in Zeitungsanzeigen verkünden. Wer mit solchen Parolen arbeitet und auf Abschreckungseffekte hofft, dürfte sich getäuscht haben. Botschaften dieser Art befördern nämlich eine aus präventiver Sicht gefährliche Mystifizierung und Dämonisierung der illegalisierten Drogen.

Stoffe, denen soviel «Macht» zugesprochen wird, werden dadurch erst richtig interessant. Neugierde wird geweckt, sie auszuprobieren, ihre Macht kennenzulernen. Hinzu kommt ein weiteres präventives Problem. Die drogenfixierten Mahnkampagnen vermitteln den Eindruck, daß die Konsumgefahren aus den Eigenschaften der Substanzen selbst entspringen. Das ist grundlegend falsch. Gefahren gehen nicht von der stofflichen Natur der Drogen, sondern von Verhaltensweisen aus, die die Risiken des jeweils praktizierten Konsums unterschätzen bzw. in Kauf nehmen. Nicht die Existenz von Bier oder Morphium ist das Problem. Es gibt, wie wir wissen, einen maßvollen, genußfördernden oder heilsamen Gebrauch und Entscheidungen für Abstinenzverhalten. Das kann und muß gelernt werden.

Riskant ist der Gebrauch von Drogen vor allem erst dann, wenn er altersverfrüht (Alkoholkonsum von Kindern), zu hoch dosiert (Alkoholvergiftung/Überdosis), zu oft, immer wieder und immer mehr anstelle von selbstbestimmter Auseinandersetzung mit Problemen (Problemtrinken, Zumachen) und schließlich gar unkontrolliert bzw. süchtig erfolgt. Drogensucht bedeutet im Kern, psychisch und bei einigen Drogen auch körperlich angewiesen zu sein auf Drogengebrauch, sich ohne ihn nicht mehr leistungsfähig zu fühlen. Wenn der süchtige Gebrauch von Drogen das Denken, Fühlen und die Lebensführung beherrscht, reduziert das oft in leidvoller Weise die Wahrnehmungs-, Erlebnis- und Handlungsmöglichkeiten der süchtigen Person.

Diesen Risiken, vor allem dem Risiko des süchtigen Umgangs mit Drogen, gilt es vorzubeugen. Es geht also eher um Suchtprävention, auf keinen Fall aber um die verbissene Verhinderung jeglichen Konsums von Drogen. Vorbeugung in diesem Sinne heißt, Menschen dabei zu unterstützen, die für sie jeweils bestehenden problemlosen oder problemärmeren Möglichkeiten und die Problemgrenzen im Umgang mit Drogen zu erkennen, sich entsprechend selbstverantwortlich bestimmte Konsumformen oder Abstinenzverhalten anzueignen. Nicht jedem bekommt Kaffee, Alkohol, Cannabis etc. oder das gleiche Quantum der einen oder anderen Droge. Was Opiate betrifft, so ist im Vergleich zu Alkohol von einem großen, schnell erreichbaren Überdosierungsrisiko und von einem hohen Suchtpotential auszugehen, das sich bei täglichem Konsum relativ rasch entfalten kann. Unter diesen Voraussetzungen ist ein risikoarmer, kontrollierter Konsum von illegalem Straßenheroin zur Zeit wegen seiner unkontrollierbar schwankenden Zusammensetzungen kaum praktizierbar.

6. Wenn nicht Abschreckung – was hilft dann?

Bedauerlicherweise verfügen wir nicht über Erkenntnisse, nach denen wir uns vorbeugend nur noch um Kinder mit bestimmten, auf besondere Suchtgefährdungen hinweisenden Eigenschaften kümmern müßten. Drogenabhängigkeit oder andere Suchtprobleme entstehen offenbar im Verlauf von individuell unterschiedlichen Prozessen, die von vielen Faktoren bestimmt werden und keinem zwangsläufigen Ablaufschema folgen. Die Vorgeschichte einer jungen heroinabhängigen Abiturientin aus Wohlstandsverhältnissen ist mit Sicherheit eine andere als die eines heroinabhängigen Jugendlichen ohne Hauptschulabschluß, eines arbeitslosen jugendlichen Alkoholikers, einer medikamentenabhängigen Auszubildenden...
Sucht hat viele Ursachen. Das ist bei der enormen Verbreitung von Suchtproblemen ja auch nicht überraschend.

Dennoch: Heroinabhängigkeiten fallen, wie andere Süchte auch,

nicht vom Himmel. Sie haben zumeist eine lange und oft in die Kindheit zurückreichende Vorgeschichte. Bei genauerer Betrachtung
dieser Vorgeschichten findet man zwar keine allgemeingültigen ein-
deutigen Ursachen, aber doch Lebenserfahrungen und Lebensbedingungen, die für die Entwicklung von Drogenabhängigkeit über den
Einzelfall hinaus bedeutsam zu sein scheinen. Daraus lassen sich
Schwerpunkte für wirksames präventives Engagement ableiten:

a) Dem Umgang mit legalen
Drogen Aufmerksamkeit widmen!

«Wer Haschisch raucht, landet an der Nadel!» Diese These von Cannabis als Einstiegsdroge zum Heroinkonsum beherrscht immer noch
die öffentliche Meinung. Mit der Realität hat sie allerdings wenig zu
tun. Einer im April 1994 im Auftrag des Spiegels durchgeführten
EMNID-Umfrage zufolge haben neun Prozent aller Erwachsenen
Konsumerfahrungen mit Cannabis (vgl. Der Spiegel 1994 Nr. 18, S.
240). Das wären dann etliche Millionen. Auch wenn viele Heroinabhängige von Cannabiskonsum vor dem Heroingebrauch berichten,
werden prozentual aber nur wenige der Millionen Cannabiskonsumentinnen und Cannabiskonsumenten heroinabhängig. Das Bundesverfassungsgericht geht von nur zweieinhalb Prozent aus (vgl.
Woche, 5.5.94, S.5). Würde man Porschefahrerinnen und Porsche-
fahrer nach ihrem Einstiegs-Verkehrsmittel fragen, müßte mit einer
häufigen Nennung des Dreirades, Rollers oder Fahrrades gerechnet
werden. Niemand käme auf die Idee, kindliches Dreirad-, Roller-
oder Fahrradfahren deshalb als Vorstufe späteren Porschegebrauchs
zu betrachten. Walter Bärsch, ehemaliger Präsident des Deutschen
Kinderschutzbundes, hat darauf hingewiesen, daß eine solche
Schlußfolgerung genauso unsinnig ist wie die Behauptung, Ha-
schischgebrauch führe zum Heroinkonsum (vgl. Steininger). Das
verfügbare Wissen über die Entstehung von Drogenabhängigkeiten
rechtfertigt es nicht, unsere präventiven Sorgen und Aktivitäten auf

die Verhinderung jeglichen Cannabisgebrauchs auszurichten. Es gibt aus präventiver Sicht wirklich Wichtigeres!

Die Kindheits- und Jugendforscher um Hurrelmann fanden heraus: «Diejenigen Jugendlichen, die Alkohol oder Zigaretten nutzen, sind ein Jahr später in einem deutlich höheren Maß unter den Nutzern von Marihuana als diejenigen, die keine legalen Drogen zu sich nehmen.» (Hurrelmann/Nordlohne, S. 21 f) Die Bereitschaft, in riskanter Weise illegale Drogen zu gebrauchen, entsteht wesentlich auf der Grundlage schon vorher erworbener, vergleichbar riskanter Gewohnheiten im Umgang mit legalen Drogen. Das zeigen viele Untersuchungen.

Mehr als ein Viertel der von Hurrelmann u. a. befragten Zwölf- bis Dreizehnjährigen konsumieren bereits gelegentlich bis regelmäßig niedrigprozentige Alkoholika, fünfzehn Prozent von ihnen rauchen gelegentlich bis regelmäßig Zigaretten. Für die Altersgruppe, mit der die Schulpflicht endet, war der jugendliche Konsum von Nikotin sowie niedrig- und hochprozentiger Alkoholika schon eindeutiges Mehrheitsverhalten (vgl. Hurrelmann/Nordlohne, S. 20 f). Mit dem Alkohol- und Nikotinkonsum haben die meisten Jugendlichen wahrscheinlich während des letzten Abschnittes ihrer Grundschulzeit begonnen und sich damit nicht nur den Risiken eines altersverfrühten Gebrauchs dieser Drogen ausgesetzt, sondern auch erste Erfahrungen hinsichtlich der Manipulierbarkeit der eigenen Befindlichkeit mittels Drogen gesammelt. Die Einübung des Alkoholkonsums findet oft im familiären Rahmen statt. Die Aufnahme des Nikotinkonsums ereignet sich wohl zumeist außerfamiliär im Kreise Gleichaltriger.

Kinder und Jugendliche erleben ständig, daß Erwachsene die legalen Drogen genußvoll, des Lust- und Rauschgewinnes wegen oder zur Entspannung, aber auch um der sozialen Anerkennung willen oder zum Herunterspülen bzw. Betäuben von Ärger, Frustrationen und Beschwerden gebrauchen und dabei erhebliche Risiken in Kauf nehmen. Alkoholabstinenz als Verhaltensmöglichkeit ist kaum in Sicht. Feste zu feiern, ohne Alkohol zu konsumieren, erscheint unmöglich. Kinder und Jugendliche kopieren mit ihrem Alkohol- und Nikotinkonsum eigentlich nur die Verhaltensweisen, die sie bei den

Erwachsenen beobachten. Sie bemühen sich, Erwachsensein zu demonstrieren. Und nicht wenigen beschert das Suchtprobleme. Alkoholismus und süchtiger Nikotinkonsum ist unter Jugendlichen um ein Vielfaches verbreiteter als die Abhängigkeit von illegalen Drogen.

Besonders besorgniserregend ist der Konsum psychoaktiver Medikamente durch Kinder und Jugendliche. Die in Bielefeld durchgeführte Befragung von ca. 1700 Jugendlichen im Alter zwischen zwölf und siebzehn Jahren ergab, «daß bis zum Alter von ca. sechzehn/ siebzehn Jahren 21 Prozent der Befragten Schlaf- und Beruhigungsmittel und sechzehn Prozent Anregungsmittel mehr oder weniger regelmäßig eingenommen hatten.» (Nordlohne, S. 213) Ärztliche Verschreibungen und elterliche Verabreichungen tragen maßgeblich mit dazu bei. Ende der achtziger Jahre berichteten 28,6 Prozent von 2000 in Nordrhein-Westfalen befragten Müttern, ihren sechs- bis vierzehnjährigen Kindern in den vier Wochen vor der Befragung Medikamente gegeben zu haben. 40 Prozent dieser Mütter taten dies, um Verhaltensauffälligkeiten wie Konzentrationsmängel, Zappeligkeit, Kopf- und Magenschmerzen, Schlafstörungen etc. zu behandeln (vgl. Minister, 89). Hier wird frühzeitig drogenspezifisches Ausweichverhalten eingeübt. Der Schritt von der elterlichen oder kinderärztlichen Psychopharmakaverabreichung zur Selbstbedienung von Kindern und Jugendlichen an der familiären Hausapotheke ist dann nicht mehr weit.

Fassen wir zusammen: Kinder und Jugendliche, die zu illegalen Drogen greifen und dabei Probleme bekommen, haben in der Regel alles Entscheidende dafür im Umgang mit Alkohol, Nikotin und Psychopharmaka gelernt, und zwar hauptsächlich von den Erwachsenen. Die Probleme, unter denen Kinder und Jugendliche zur Zeit insgesamt aufgrund ihres Konsums legaler Drogen leiden, überwiegen die aktuell zu verzeichnenden negativen Folgen des kindlichen bzw. jugendlichen Gebrauches illegaler Drogen um ein Vielfaches.

Drogenprävention, die das übersieht, muß wirkungslos bleiben. Bemühungen, die sich im wesentlichen auf Abschreckung vor dem Konsum der illegalen Drogen beschränken, dürften durch Nichtbeachtung bzw. Vernachlässigung möglicher Risiken des legalen Drogenkonsums suchtpräventive Chancen verspielen. Denn die voyeuristisch-neugierige und von Gruselgefühlen begleitete Beschäftigung mit den exotischen illegalen Drogen und dem Elend der Heroinabhängigen lenkt oft ab von der gebotenen Auseinandersetzung mit den näherliegenden alltäglicheren Suchtgefahren und legalen Drogenkonsumproblemen.

Wer Kindern und Jugendlichen drogenspezifisch Suchtprobleme ersparen will, der muß ihnen erst einmal helfen, einen Risiken vermeidenden Umgang mit den legalen Drogen zu erlernen. Das heißt zum Beispiel, Kindern keinen Alkohol anbieten und schmackhaft machen, Psychopharmaka nicht anstelle von möglichen pädagogischen Problemlösungen einsetzen bzw. zulassen, Jugendliche bei der kritischen Verarbeitung von riskanten Konsumerfahrungen partnerschaftlich zur Seite stehen und dabei eigene Konsum- und Aufhörerfahrungen einbeziehen, alternative Verhaltensweisen zu riskantem problemausweichendem Konsum ermöglichen. Selbstverständlich kann all das nur gelingen, wenn Erwachsene vorleben, daß Durst nicht immer mit Alkoholika gelöscht werden muß, daß das Leben nicht nur Drogengenuß zu bieten hat, daß Feste auch ohne exzessiven Alkoholkonsum lustvoll verlaufen können, daß Problemsituationen ohne Drogen zu bewältigen und auszuhalten sind. Vorbilder sind gefragt. Das verlangt nicht den Verzicht auf jedes Feierabendbier, jedes Glas Wein zum oder nach dem Essen, jeden Drogengebrauch. Sich heilig gebärdende Abstinente sind als Vorbilder nicht gefragt. Sie wirken selten glaubwürdig und machen zudem wenig Lust auf Nachahmung.

b) Konfliktbewältigungskompetenzen erhöhen, Belastungen reduzieren!

Wenn Kinder und Jugendliche sich durch kritische Lebensereignisse oder schwierige Lebensumstände, wie zum Beispiel dem Verlust einer wichtigen Bezugsperson, elterlicher Vernachlässigung, Betroffenheit von Armut, Obdachlosigkeit oder Ausländerfeindlichkeit etc., stark belastet und damit alleingelassen fühlen, dann erhöht sich die Wahrscheinlichkeit, daß sie sich in Verhalten mit Suchtrisiken flüchten. Das gilt auch für Kinder und Jugendliche, die die in ihrem jeweiligen Lebensalter an sie gerichteten Leistungserwartungen als nicht bewältigbare Überforderungen empfinden.

Hier kommt vor allem die Schule als Risikofaktor in den Blick. Die Befragung von 1717 Schülerinnen und Schülern im pubertären Alter durch Hurrelmann u. a. belegt das Gewicht schulischer Belastungen für gesundheitsriskante Konsequenzen. So konnte etwa ein bedeutsamer Zusammenhang zwischen schulischen Versetzungsproblemen auf der einen und dem gelegentlichen oder regelmäßigen Alkohol- und Tabakkonsum auf der anderen Seite nachgewiesen werden (Hurrelmann 1989, S.29). Es zeigte sich ferner, daß insbesondere schulische Belastungen, wie zum Beispiel Mißerfolge, überfordernde Leistungserwartungen der Lehrerinnen und Lehrer und Eltern oder Unverständnis der Eltern gegenüber Schulschwierigkeiten sich bei Kindern in Kopfschmerzen, Unruhe, Unzufriedenheitsgefühlen etc. und in einem spürbaren Anstieg des Arzneimittelkonsums niederschlagen (vgl. Hurrelmann / Nordlohne, S. 23 f und Nordlohne, S. 193 ff).

Die Bereitschaft, mit Hilfe von suchtriskanten Verhaltensweisen Belastungen zu reduzieren, Streit und Konflikten zu entgehen, aber auch Langeweile zu überbrücken, wird im übrigen selten drogenspezifisch gebahnt. Im Gebrauch von Süßigkeiten, beim Essen, im Umgang mit dem Fernsehen, mit Computerspielen und dem Kassettenrekorder können bereits Kinder früh lernen, konsumierend schwierigen Situationen auszuweichen. Wenn sich solche Verhaltensweisen einschleifen, dauerhaft und dominant werden und zunehmend andere verdrängen, dann entstehen bisweilen auch schon bei Kindern akute Suchtprobleme, etwa in Form von Eßstörungen. Auf jeden Fall aber werden Grundmuster süchtigen Verhaltens erworben. Wenn ein Kind sich etwa zunehmend mit dem Fernseher verkriecht, dann läuft es Gefahr, (noch mehr) zu vereinsamen, aktive Formen der Freizeitgestaltung zu verlernen oder nicht mehr kennenzulernen und Fähigkeiten zur aktiven und kommunikativen Konfliktbewältigung zu verlieren bzw. sich nicht aneignen zu können. Der ursprüngliche Problemdruck kann derweil, da unbearbeitet, noch wachsen und so das Verlangen nach ausweichendem Verhalten intensivieren.

Es liegt auf der Hand: Suchtprävention muß Kindern und Jugendlichen ermöglichen, Alternativen zu ausweichendem Verhalten zu erlernen. Das beinhaltet die Förderung der Fähigkeiten, eigene Verärgerungen, Trauergefühle und Interessen wahrzunehmen, zu ihnen zu stehen und sie auszudrücken, solidarisch mit anderen zu kooperieren und konstruktiv zu streiten, sich durchzusetzen, Nein zu sagen, nachzugeben, abzuwarten. Solche Konfliktbewältigungskompetenzen entwickeln sich nicht durch Unterricht und Belehrung, sondern durch alltägliche Erprobung und positive praktische Erfahrungen. Das sei am Beispiel «Nein sagen» illustriert: Nein-Sage-Kompetenzen bilden sich wohl nur dann, wenn Kinder und Jugendliche im Umgang miteinander und insbesondere in der alltäglichen Beziehung mit Erwachsenen erfahren, daß ihre Neins gehört werden, auf sie eingegangen wird und sie sich damit auch mal auseinandersetzen können.

Was nutzen jedoch die beschriebenen Fähigkeiten, wenn belastende Lebensbedingungen ihre Entwicklung und Anwendung gravierend behindern oder nicht zulassen? Kindern und Jugendlichen bei Belastungen und Krisen als zugewandte Gesprächspartner mit Rat und Tat zur Seite zu stehen, ist daher ein unerläßlicher suchtpräventiver Beitrag. Voraussetzung dafür ist eine Vertrauensbeziehung zwischen Erwachsenen und Kindern bzw. Jugendlichen, ein nicht abgerissener Kontakt auf der Basis von genügend Zeit, Aufmerksamkeit und Akzeptanz. Mit weniger Fernsehen und mehr Gesprächen wäre da oft schon viel gewonnen. Miteinander reden reicht aber häufig nicht. Erwachsene, die sich suchtpräventiv engagieren wollen, müssen sich in vielen Fällen auch für die Verbesserung kindlicher und jugendlicher Lebensbedingungen einsetzen.

c) Selbstachtung stärken!

Offenbar erhöht alles, was die Selbstachtung massiv beeinträchtigt, im weiteren Lebensverlauf das Suchtrisiko. Fernsehen, Essen, Glücksspiel oder Drogen können dann leichter zum unverzichtbar tröstenden Ersatz und Betäubungsmittel werden. Nachhaltend wirksame Kränkungen der Selbstachtung erleben all die vielen Kinder und Jugendlichen, die sexuell mißbraucht werden, die mit suchtkranken Erwachsenen zusammenleben und unter starken Schuld- und Schamgefühlen leiden oder die sich infolge einer Trennung ihrer Eltern schuldig, abgelehnt und allein gelassen fühlen. Nicht zu vergessen sind Selbstachtungsverletzungen durch Schulversagenserlebnisse.

Aus suchtpräventiver Sicht ist es daher eine vorrangige Aufgabe, Kindern und Jugendlichen solche Erfahrungen zu ersparen und viel Energie auf die Stärkung ihrer Selbstachtung zu verwenden. Selbstachtung, wie wir wissen, gedeiht auf der Basis des Stolzes über eigene Stärken und Leistungen, auf der Erfahrungsgrundlage von Angenommensein, Zuneigung, Anerkennung und Zutrauen. Nicht nur Gemeinsinn, sondern auch Selbstachtung wächst insbesondere mit dem Gefühl, gebraucht zu werden (vgl. Hentig, S. 117 f u. 184 f). Suchtprävention heißt daher auch, Kinder und Jugendliche an der Gestaltung des familiären, schulischen oder nachbarschaftlichen Lebens ernsthaft zu beteiligen, sie dabei zu berücksichtigen und zu fordern.

d) Erlebnisalternativen zu riskantem Drogengebrauch öffnen!

Je langweiliger, erlebnisärmer und öder Jugendliche ihr Leben empfinden, desto attraktiver wird für sie der riskante Gebrauch von Drogen. Ein Leben im Stil des Huckleberry Finn, so vermutet Schiffer, schützt vor Suchtrisiken (vgl. Schiffer). Wer den Roman Mark

Twains über das Leben Huckleberry Finns gelesen hat, weiß, wovon die Rede ist. Mit Risikofreude, schöpferischem Eigensinn und allen anderen Sinnen erschließt Huck sich seine Welt auf abenteuerliche Weise. Die aus seinen suchttherapeutischen Erfahrungen abgeleitete Vermutung Schiffers deckt sich mit den Ergebnissen der bereits zitierten Studie, die im Auftrag der BzgA die Wirksamkeit verschiedener Präventionsstrategien untersuchte. Aus ihr geht nämlich hervor: Suchtprävention hat Aussicht auf Erfolg, wenn sie neben der Förderung von Selbstachtung, Konfliktfähigkeit und anderen grundlegenden Lebenskompetenzen dem Lust- und Abenteuerbedürfnis von Kindern und Jugendlichen ausreichend Rechnung trägt (vgl. Bundeszentrale, Expertise, S. 9).

Suchtpräventiv bemühte Erwachsene sind daher gut beraten, Kindern und Jugendlichen genügend lustvolle Erlebnismöglichkeiten zu gestatten und zu bieten. Dabei geht es nicht, das sei ausdrücklich betont, um vollgestopfte Nachmittags- und Wochenendprogramme. Kinder und Jugendliche brauchen Erwachsene, die mit ihnen spielen, zelten, wandern, paddeln, bauen. Sie benötigen aber auch außerhalb von Abenteuerspielplätzen Freiräume, die spontanes Spielen erlauben, die Eigeninitiative herausfordern und kreatives Schaffen zulassen.

e) Nicht auf Verführungsmärchen reinfallen!

Hartnäckig halten sich Gerüchte, die Schulen in der Bundesrepublik Deutschland würden von Drogendealern zu Drogenmärkten umfunktioniert. Nicht wenige Eltern befürchten, daß ihren Kindern in Diskotheken heimlich Drogen in die Gläser geschüttet werden. Seit Jahren warnt ein in regelmäßigen Abständen auftauchendes Flugblatt vor Dealern, die angeblich Kindern mit LSD getränkte Hautaufklebebilder anbieten. Die Angst vor Verführung zur Drogenabhängigkeit ist groß, aber trotzdem weitgehend unbegründet.

Immer wieder bezeichnet das Bundeskriminalamt (BKA) die Warnungen der ominösen Flugblattautoren als gezielte Falschinformation und Panikmache. Weder in der Bundesrepublik Deutschland noch sonstwo sind die genannten Aufkleber von der Polizei bisher gefunden worden. LSD kann im übrigen über die unverletzte Haut auch gar nicht aufgenommen werden, geschweige denn zu Suchtproblemen führen. Sucht ist kein Ergebnis von Verführung, sondern Folge eines längeren Prozesses ausweichenden Verhaltens. Wer den Wunsch verspürt, eine bestimmte Erfahrung zu wiederholen, der muß wissen, was er dafür tun muß. Der Konsum einer untergemischten Droge im Glas führt allenfalls zur Verwirrung, die eher Dieben als Drogendealern nützt. Süchtig wider Willen wird niemand. Und was die Schule betrifft, so ist sie auch aus polizeilicher Sicht wegen des dort herrschenden hohen Entdeckungsrisikos für Dealer eher ein ungeeigneter Ort (Deutsche Hauptstelle..., Jahrbuch Sucht, 1990, S. 122 f und 1991, S. 43 ff).

Suchtprävention heißt nebenbei auch, solchen Märchen entgegenzutreten und so unnötige Hysterie zu vermeiden.

Literaturquellen

Anne Schumacher
Illegale Drogen aus medizinischer Sicht

Pharmakologie und Toxikologie, Lehrbücher
Ellenhorn, M. J. / D. G. Barceloux: Medical Toxicology, Diagnosis and Treatment of Human Poisening; New York, Amsterdam 1988

Forth, W. / D. Henschler / W. Rummel / K. Starke: Allgemeine und spezielle Pharmakologie und Toxikologie, Für Studenten der Medizin, Veterinärmedizin, Pharmazie, Chemie, Biologie sowie für Ärzte, Tierärzte und Apotheker; Mannheim–Leipzig–Wien–Zürich 1992

Bücher über Drogen und Sucht
Daunderer: Drogenhandbuch für Klinik und Praxis; Landsberg 1990, Bd. 1–2

Deutsche Hauptstelle gegen die Suchtgefahren: Jahrbuch Sucht 94; Geesthacht 1993

Russi, E. W.: Opiatmißbrauch, Medizinische Komplikationen; Stuttgart 1986

Sahihi, Arman: Designer-Drogen; München 1993

Scheerer, S. / I. Vogt: Drogen und Drogenpolitik, Ein Handbuch; Frankfurt–New York 1989

Schmidbauer, W. / J. v. Scheidt: Handbuch der Rauschdrogen; Frankfurt 1992

Völger, G. / K. v. Welck: Rausch und Realität; Reinbek b. Hamburg 1982, Bd. 1–3

Artikel und Studien zu

Opiaten / Methadon / Codeinpräparaten / Naltrexon
Freye, E.: Methadon als Ersatztherapie beim Opiatabhängigen?; Klinikarzt 19 (1990), Nr. 2, 57–61

Gaumann, M. U.: Methadon: Toxikologische und forensische Aspekte anhand von 14 Todesfällen; Dissertation Zürich 1981

Gmür, M.: Resultate empirischer Studien zur Methadonbehandlung; Schweiz. med. Wschr. 119, 1989, 1560–1570

Gonzalez, J. P. / R. N. Brogden: Naltrexone, A Review of its Pharmacodynamic and Pharmacokinetic Properties and Therapeutic Efficacy in the Management of Opoid Dependence; Drugs 35, 192–213 (1988)

Hoechst: Fachinformation L-Polamidon

Hoechst: Zur Substitutionstherapie mit Methadon in der Behandlung Opiatabhängiger, Eine Information der Hoechst AG, Dezember 1992

Jage, J.: Analgesie mit Methadon; Schmerz (1989) 3, 155–165

Jage, J.: Methadon – Pharmakokinetik und Pharmakodynamik eines Opiates; Anaesthesist (1989) 38, 159–166

Keup, W.: Dihydrocodein – kein geeignetes Substitutionsmittel bei Opiatabhängigkeit; Arzneiverordnung in der Praxis 1/94, 5–8

Kreek, M. J.: Methadone Maintenance Treatment (narcotic) Addiction Summary Statement and Fact Sheets; The Rockefeller University, Oktober 1, 1987

Loimer, N. / E. Hollerer: Behandlungsstrategien bei Schwangerschaft und Opiatabhängigkeit; Therapiewoche Österreich 5, 11, 896–901 (1990)

Olsen, G. et al: Clinical Effects and Pharmacocinetics of Racemic Methadone and its Optical isomers; Clinical Pharmacology and Therapeutics 1976, 147–157

Poser, W. / I. Siegel: Göttinger Methadonstudie, Zwischenbericht; Göttingen 1992

Poser, W. / I. Koc / D. Roscher: Die Therapie der Heroinabhängigkeit mit Opiatantagonisten: Erste Langzeitbeobachtungen mit Naltrexon; Göttingen 1992

Poser, W. et al: Die Therapie der Heroinabhängigkeit mit Naltrexon; Göttingen 1994

Raschke, P. et al: Zwischenbericht über die Medikamentengestützte Ambulante Therapie und die Ambulante Abstinenz-Therapie; Hamburg im Juni 1992

Raschke, P. et al: Forschungsbericht über die Medikamentengestützte Ambulante Therapie in Hamburg; Hamburg im März 1994

Coca, Kokain, Crack

Brody, S. L. et al: Cocaine-related Medical Problems: Consecutive Series of 233 Patients; April 1990, The American Journal of Medicine, Volume 88, 325–330

Ettinger, N. A.: A Review of the Respiratory Effects of Smoking Cocaine; Dec. 1989, The American Journal of Medicine, Vol. 87, 664–667

Rossi, R.: Cocain und Cocain-Intoxikation; Dtsch med. Wschr. 115 (1990), 868–873

Ecstasy

Flugblatt des «Mersey Drug Training and Information Center», Liverpool

Henry, J. A. / K. J. Jeffreys / S. Dawling: Toxicity and Deaths from 3,4-methylenedioxymethamphetamine («ecstasy»); Lancet 1992, 340, p. 384–387

McKenna, D. / S. J. Peroutka: Neurochemistry and Neurotoxicity of 3,4-methy-
lenedioxymethamphetamine (MDMA, «Ecstasy»)

Barbiturate und Benzodiazepine

Fakten zum Mißbrauch von Flunitrazepam (Rohypnol); Arznei-Telegramm 1 /
93, 18–19

Flunitrazepam (Rohypnol) führend in der Drogenszene; Arznei-Telegramm 7 /
92, 71

Flunitrazepam (Rohypnol) «Ein Unterschied wie Tag und Nacht»; Arznei-Telegramm 12 / 92, 120–121

«Das knickt den Kopf weg»; Der Spiegel 51 / 1992, 230–235

Navaratnam, V. / K. Foong: Opiate Dependence–The Role of Benzodiazepines;
Current Medical Research on Opinion, Vol. 11, No. 10, 1990

Keup, W.: Flunitrazepam (Rohypnol) – führend beim Mißbrauch unter den Ben-
zodiazepin-Derivaten; Sucht 38, 1992, 3–6

Poser, W.: Zusätzliche Gefährdung von Heroinabhängigen durch Flunitrazepam
u. a.; Niedersächsisches Ärzteblatt 9 / 1993, 17–20

Josh v. Soer
Brief an Frau M., deren Tochter heroinabhängig ist

Dowling, Colette: «Befreite Gefühle. Neue Wege aus Depression, Angst und Abhängigkeit.» Fischer Verlag, Frankfurt 1994

Ewig, H.: «Einstieg zum Ausstieg. Grundlagen der medikamentengeführten
Suchttherapie.» Ratingen 1994

Lenzen, Hans: «Hilfen für Kinder und ihre drogenabhängigen Eltern – Erfah-
rungsbericht des Projektes IGLU in Hamburg.» In: Arenz-Greiving (Hrsg.):
«Elternsüchte – Kindernöte.» Lambertus Verlag, Freiburg 1994

Palette: «Streitschrift zum 5. Geburtstag der Palette e. V.: Warum wir für die
Legalisierung von Heroin sind.» Eigenverlag, Palette Hamburg 1992

Palette (Hrsg.): «Drogen, Schwangerschaft und das Neugeborene.» Rasch &
Röhring Verlag, Hamburg 1992

Soer, Josh v. / M. Wolny: «H – wie Heroin, Betroffene erzählen ihr Leben.»
Rasch & Röhring Verlag, Hamburg 1990

Soer, Josh v. / Irene Stratenwerth: «Süchtig geboren – Kinder von Heroinabhängigen.» Rasch & Röhring Verlag, Hamburg 1991

Soer, Josh v.: «Die Palette Hamburg. Ambulante Sozio- und Psychotherapie für
substituierte Heroinabhängige.» In: Jörg Gölz (Hrsg.): «Harm Reduction.
Schadensbegrenzende Behandlung Drogenabhängiger. Ein Handbuch für
Ärzte und Drogenberater.» Verlag Urban & Schwarzenberg, München 1994

Soer, Josh v. (Hrsg.): «Drogenszene Europa.» Rasch & Röhrig Verlag, Hamburg 1995

Schröder, Burkard: «Heroin, ein Aufklärungsversuch.» Rowohlt Verlag, Reinbek bei Hamburg 1994

«Wer sind wir?» Eltern- und Angehörigeninitiative für akzeptierende Drogenarbeit e. V., Hamburg 1992

Hermann Schlömer
Drogenabhängigkeit vorbeugen – aber wie?

Barsch, Gundula / Manfred Kappeler: Der gutgemeinte Rat – Drogenaufklärung und ihre Akzeptanz bei Jugendlichen, Berlin 1992

Behr, Hans Georg: Von Hanf ist die Rede, Basel 1982

Braunschweig, B. u. a.: Prävention des Drogenmißbrauchs bei Jugendlichen, in: Öffentliches Gesundheitswesen, 41, Stuttgart 1979

Bundeskriminalamt: Rauschgiftjahresberichte

Bundeszentrale für gesundheitliche Aufklärung (Hrsg.): Unterrichtswerk zu Drogenproblemen für die Sekundarstufe I., 5. – 10. Schuljahr, Köln–Stuttgart 1980

Bundeszentrale für gesundheitliche Aufklärung (Hrsg.): Expertise zur Primärprävention des Substanzmißbrauchs – Kurzfassung –, Köln 1992

Christiane F.: Wir Kinder vom Bahnhof Zoo, Hamburg 1978

Deutsche Hauptstelle gegen die Suchtgefahren: Jahrbücher zu Fragen der Suchtgefahren, Hamm / Westfalen

Hentig, Hartmut von: Die Schule neu denken, München–Wien 1993

Hurrelmann, K. / E. Nordlohne: Drogen im Jugendalter, in: J. Bastian (Hrsg.): Drogenprävention und Schule, Hamburg 1982

Informationen über die Niederlande, 1989

Minister für Arbeit, Gesundheit und Soziales des Landes Nordrhein-Westfalen (Hrsg.): Kurzfassung des Forschungsberichts des Zentrums für Bildung und Gesundheit e. V. Dortmund «Medikamentengebrauch und auffälliges Verhalten von Kindern im Alter von 6 – 14 Jahren in Nordrhein-Westfalen», Düsseldorf 1989

Nordlohne, Elisabeth: Die Kosten jugendlicher Problembewältigung, Weinheim–München 1992

Scheerer, S. / I. Vogt (Hrsg.): Drogen und Drogenpolitik. Ein Handbuch, Frankfurt a. M. 1989

Schiffer, Eckhardt: Warum Huckleberry Finn nicht süchtig wurde, Weinheim–Berlin 1993

Schlömer, H. u. a.: Empirische Untersuchung über die Auswirkungen des Films «Christiane F., Wir Kinder vom Bahnhof Zoo» auf die Drogenprobierbereitschaft von Schülern der 8. / 9. Jahrgangsstufe, Hamburg 1981

Shedler, J. / J. Block: Adolescent Drug Use and Psychological Health, in: American Psychologist, May 1990, Vol. 45, No. 5, S. 612–630

Simon, R. / K. Herbst / L. Grieb: Repräsentativerhebung 1990 zum Konsum und Mißbrauch von illegalen Drogen, alkoholischen Getränken, Medikamenten und Tabakwaren – Regionalauswertung für die Hansestadt Hamburg, München 1992

Steininger, R.: Illegale Drogen in der schulischen Prävention, in: Umwelt und Gesundheit, Heft 1/2, 1988, Köln, S. 78–93

Büchertips

Arman Sahihi
Drogen von A–Z
Psychologie heute / Beltz
(Dieses Buch gibt einen kurzen Überblick über Wirkung und Risiken der verschiedensten Drogen)

Stone / Fromme / Kagan
Leistungsdroge Kokain
Edition Sozial / Beltz

Josh v. Soer / Marianne Wolny-Follath
H wie Heroin / Betroffene erzählen ihr Leben
Rasch und Röhring

Christine Bauer
Heroinfreigabe
Rowohlt Taschenbuch Verlag (Nr. 9371)
(Ein wichtiges Buch über die verschiedenen Formen einer möglichen Heroin-Legalisierung)

Arman Sahihi
Designer-Drogen
Psychologie heute / Beltz
(Ein spannendes Buch über Designer-Drogen; beschreibt überwiegend die Szene und Gebrauchspraktiken in den USA)

Josh v. Soer / Irene Stratenwerth
Süchtig geboren / Kinder von Heroinabhängigen
Rasch und Röhring

Hans Georg Behr
Von Hanf ist die Rede
Rowohlt Taschenbuch Verlag (Nr. 7878)
(Ein kenntnisreiches Buch über die Kulturgeschichte des Cannabis)

Plakat: Erste Hilfe in Drogennotfällen
zu beziehen über: DROB INN, Tel.: 040 / 244607
20099 Hamburg, Kirchenallee 25
*(Ein Informationsplakat für den Umgang und ‹Erste Hilfe› mit
Drogen-Notfällen, zum Beispiel Überdosis)*

Burkhard Schröder
Heroin / Ein Aufklärungsbuch
Rowohlt Taschenbuch Verlag (Nr. 13276)

Colette Dowling
Befreite Gefühle. Neue Wege aus Depression,
Angst und Abhängigkeit
Fischer

Drogen und Drogenpolitik: Ein Handbuch / hrsg. von Sebastian
Scheerer und Irmgard Vogt unter Mitarbeit von Henner Hess. –
Frankfurt / Main–New York: Campus Verlag, 1989
*(Leider sehr teuer, aber sehr umfassend, Geschichte und Drogen-
politik, Theorie und Praxis der Drogen)*

Weniger Risiko beim Drogengebrauch – Zur Theorie und Praxis
einer verbraucherorientierten Drogenhilfe / hrsg. von Jan-Hendrik
Heudtlass, Heino Stöver und Petra Winkler. – Frankfurt / Main:
Fachhochschulverlag, erscheint voraussichtlich im Herbst 1994
*(Ein sehr praxisorientiertes Buch über Safer Use, Safer Sex, Dro-
gennotfälle, Pharmakologie der Drogen)*

Die Autorinnen und Autoren

Renate Bauer, geb. 1957 in Berlin. Diplompsychologin. Seit 1991 in einer integrierten Drogensuchtberatungsstelle in Hamburg als Psychologin tätig.

Wolfgang Harm, geb. 1951, Sozialpädagoge, zur Zeit ‹Drogen- und Öffentlichkeitsreferent› in einem Hamburger Jugendsozialprojekt. Veröffentlichte bisher verschiedene Fachbeiträge in diversen Publikationen.

Michael Nitschke, geb. 20. 1. 1949 in Oldenburg/Oldenburg. Jurastudium, 1. und 2. Staatsexamen in Hamburg, anschließend Sozialpädagogisches Zusatzstudium. Tätigkeit im Strafvollzug, in der sog. Gefangenenhilfe und in der Stadtteilarbeit, als Lehrbeauftragter an der Uni Hamburg, Fachhochschule und Fachschule für Sozialpädagogik. Seit 1977 selbständiger Rechtsanwalt in Hamburg, Anwaltssozietät. Ganz überwiegend als Strafverteidiger tätig.

Hermann Schlömer, geb. 1950, Volks- und Reallschullehrer und Diplompsychologe. Dozent am Institut für Lehrerfortbildung in Hamburg mit dem Schwerpunkt: Suchtprävention und Gesundheitsförderung. Seit 12 Jahren tätig im Bereich Drogentherapie und Drogenberatung.

Anne Schumacher, 1958 in Essen geboren, Studium der Medizin in Belgien und Hamburg. Parallel einige Semester Studium der Philosophie in Hamburg. Seit Beginn 1991 als Ärztin im Drogenbereich tätig, erst im niedrigschwelligen Bereich, z. Zt. als substituierende Ärztin im Methadonprogramm.

Josh v. Soer, Clemm v. Hohenberg, Amsterdamer Suchttherapeut, therapeutischer Koordinator des Drogenprojektes «Palette – Hamburg e. V.», Lehrbeauftragter an der Hamburger Universität.

Anschriften der ‹Landesstellen gegen die Suchtgefahren›

Landesstelle gegen die Suchtgefahren für Schleswig-Holstein e. V.
24105 Kiel, Schauenburger Str. 36
Tel.: 0431/564770

Hamburgische Landesstelle gegen die Suchtgefahren e. V.
20099 Hamburg, Brennerstr. 90
Tel.: 040/2803811

Landesstelle gegen die Suchtgefahren
Mecklenburg-Vorpommern e. V.
19055 Schwerin, Pfaffenstr. 5.
Tel.: 0385/860606

Landesstelle Berlin gegen die Suchtgefahren e. V.
10585 Berlin, Gierkezeile 39
Tel.: 030/348009–0

Brandenburgische Landesstelle gegen die Suchtgefahren
14469 Potsdam, Friedrich-Ebert-Str. 67
(c/o DAK-Landesgeschäftsstelle)
Tel.: 0331/23281–3

Sächsische Landesstelle gegen die Suchtgefahren
01099 Dresden, Radebergerstr. 11
Tel.: 0351/575588

Landesstelle gegen die Suchtgefahren im Land Sachsen-Anhalt
c/o Diakonisches Werk
39106 Magdeburg, Walter-Rathenau-Str. 38
Tel.: 0391/5610621

Thüringer Landesstelle gegen die Suchtgefahren
99084 Erfurt, Allerheiligenstr. 3
Tel.: 0172/3502736

Niedersächsische Landesstelle gegen die Suchtgefahren
30175 Hannover, Leisewitzstr. 26
Tel.: 0511/852068

Bremische Landesstelle gegen die Suchtgefahren e.V.
28195 Bremen, Abbentorstr. 5
Tel.: 0331/22406

Deutsche Hauptstelle gegen die Suchtgefahren
(in Nordrhein-Westfalen)
59065 Hamm, Westring 2
Tel.: 02381/9015-0

Hessische Landesstelle gegen die Suchtgefahren e.V.
60594 Frankfurt, Metzlerstr. 34
Tel.: 069/616092

Landesstelle Suchtkrankenhilfe Rheinland-Pfalz
c/o Diözesan-Caritasverband Trier e. V., Referat Gefährdetenhilfe
54290 Trier, Sichelstr. 10
Tel.: 0651/9493244

Saarländische Landesstelle gegen die Suchtgefahren e.V.
66117 Saarbrücken, Deutschherrnstr. 12
Tel.: 0681/58001-37

Landesstelle gegen die Suchtgefahren in Baden-Württemberg
der Liga der Freien Wohlfahrtsverbände
70178 Stuttgart, Augustenstr. 63
Tel.: 0711/6196731/32

Bayerische Landesstelle gegen die Suchtgefahren
80336 München, Lessingstr. 1
Tel.: 089/536515

Daniela Dahn
Wir bleiben hier oder Wem gehört der Osten *Vom Kampf um Häuser und Wohnungen in den neuen Bundesländern*
(aktuell 13423)
Mehrere Millionen Menschen in den neuen Bundesländern sehen die Grundlage ihrer Existenz gefährdet. Sie wissen nicht, ob und wie lange sie noch in ihren Häusern und Wohnungen bleiben können. Der Band beschreibt die desaströsen Folgen der bis heute üblichen Rechtspraxis – «Rückgabe vor Entschädigung» – und entwickelt Perspektiven für eine politisch wie sozial vertretbare Eigentumsregelung.

Götz Eisenberg/Reimer Gronemeyer
Jugend und Gewalt *Der neue Generationenkonflikt oder Der Zerfall der zivilen Gesellschaft*
(aktuell 13352)

Walter Hanesch u.a.
Armut in Deutschland *Der Armutsbericht des DGB und des Paritätischen Wohlfahrtsverbandes*
(aktuell 13420)

Holger Rosenberg/Marianne Steiner
Paragraphenkinder *Erfahrungen mit Pflege- und Adoptivkindern*
(aktuell 12989)

Wolfgang Schmidbauer (Hg.)
Pflegenotstand – das Ende der Menschlichkeit *Vom Versagen der staatlichen Fürsorge*
(aktuell 13118)

Walter Hanesch u.a.

Der Armutsbericht des DGB und des Paritätischen Wohlfahrtsverbands

Armut in Deutschland

rororo

Die Autoren/innen dieses Bandes liefern mit ihren Beiträgen nicht nur eine dramatische Bilanz des Pflegenotstands, sondern unterbreiten Vorschläge für die Lösung des Problems, die über die Flickarbeit an Tarifen und Schichtdienstzeiten hinausreichen.

Burkhard Schröder
Heroin *Sucht ohne Ausweg? – Ein Aufklärungsbuch*
(aktuell 13276)
Heroin gilt als Symbol für den Drogenmißbrauch überhaupt. Diese zweifelhafte Prominenz basiert vor allem auf einem Mix von Mythen, Halbwahrheiten und gezielter Desinformation. Dieser Band soll Betroffene und Interessierte über die Wirkung und die Gefahren des Heroinkonsums, über Behandlungsweisen und –möglichkeiten sowie über Sinn und Praxis von Substitution aufklären. Darüber hinaus enthält das Buch praktische Hinweise für den Umgang mit Süchtigen.

Frederic F. Flach
Depression als Lebenschance
*Seelische Krisen und wie man
sie nutzt*
(rororo sachbuch 7168)

Jennifer James
Trübe Tage *Wege aus dem
weiblichen Stimmungstief*
(rororo sachbuch 8840)
Dieses leicht zugängliche,
praktische Buch wendet sich
an alle Frauen, die sporadisch
in leichte Depressionen verfallen und immer wieder von
Melancholie und Mutlosigkeit
eingeholt werden und be-
schreibt mit Humor und
Selbstironie wie "frau" dagegen angehen kann.

Was wir alles schlucken *Zu-
satzstoffe in Lebensmitteln*
Herausgegeben von der
KATALYSE Institut für an-
gewandte Umweltforschung
(rororo sachbuch 8465)

Gunter Schmidt
Das große Der Die Das *Über das
Sexuelle*
(rororo sachbuch 8459)

Dagobert Tausch
Taschenlexikon der Medizin *Über
17.000 Namen, Begriffe und
Methoden aus allen Be-
reichen der Medizin -
präzise und
allgemeinverständlich
erklärt*
(rororo sachbuch 6285)

H. Hemminger / V. Becker
Wenn Therapien Schaden
*Kritische Analyse einer
psychotherapeutischen
Fallgeschichte*
(rororo sachbuch 9137)

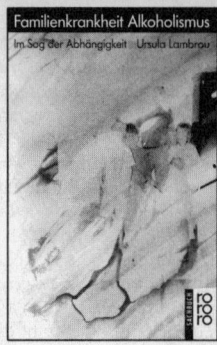

Familienkrankheit Alkoholismus
Im Sog der Abhängigkeit · Ursula Lambrou

Ursula Lambrou
Familienkrankheit Alkoholismus
Im Sog der Abhängigkeit
(rororo sachbuch 8771)
Alkoholismus ist eine
Familienkrankheit: Erst langsam wird die volle Bedeutung
dieses Satzes auch hierzulande
einer breiteren Öffentlichkeit
bewußt. Die Autorin, Päda-
gogin mit psychologischer
Ausbildung in den USA, hat
das erste deutsche Buch zu
diesem wichtigen Thema geschrieben.

Inge Nordhoff / "pro familia"
Wenn Mädchen die Pille wollen ...
*Alles über Liebe, Sexualität,
Verhütung*
(rororo sachbuch 7930)

Sämtliche Bücher und
Taschenbücher zum Thema
finden Sie in der *Rowohlt
Revue*. Jedes Vierteljahr neu.
Kostenlos in Ihrer Buchhand-
lung.